LES ENVIRONS DE SAINT-PETERSBOURG

PETRODVORETS-LOMONOSSOV POUCHKINE-PAVLOVSK

BONECHI
WB

* * *

ISBN 88-8029-259-5

Imprimé par Centro Stampa Editoriale Bonechi.

Texte: *Pavel Kann*
Présentation: *Alexandre Voéikov*
Traduction: *Olga Tatarinova*
Photographies: *Youri Bykovski, Evguéni et Daniil Guerman, Vladimir Melnikov* et photothèques *TASS* et *APN*

INTRODUCTION

Une renommée mondiale s'attache au chapelet de palais et de parcs situés au sud de Saint-Pétersbourg, l'ancienne capitale de la Russie. Ils en sont une splendide parure. Les ensembles architecturaux et paysagers de Pétrodvorets (anciennement Peterhof), Lomonossov (Oranienbaum), Pouchkine, c'est-à-dire Tsarskoïé Sélo, Pavlovsk, résidence de campagne de l'empereur Paul Ier, appartiennent au patrimoine russe et mondial.

Les grandes étapes de l'art d'aménager les palais et les parcs ont obtenu une illustration magistrale dans les ensembles des environs de Saint-Pétersbourg: les parcs sont réputés par leurs sculptures en marbre et en bronze dues à des maîtres antiques, russes et ouest-européens; les palais qui sont de remarquables réalisations de l'architecture des XVIIIe-XIXe ss. conservent de splendides collections d'œuvres de peinture, de sculpture et d'arts décoratifs.

Les parcs dessinés dans la première moitié du XVIIIe s. sont dits à la française, avec leur tracé assujetti aux règles de la symétrie, les allées droites bordées de gazons, d'arbres et d'arbustes savamment taillés et la géométrie solenelle des motifs ornementaux des parterres de fleurs. Cette régularité est caractéristique des parcs des environs de Saint-Pétersbourg dans la première moitié et au milieu du XVIIIe s. (le style baroque domine à l'époque dans l'architecture de la capitale de l'Empire de Russie).

Le Grand Palais de Peterhof et le Palais Catherine de Tsarskoïé Sélo créés par Francesco Bartoloméo Rastrelli étaient entourés de massifs de verdure que formaient les parcs et jardins réguliers. Durant cette époque d'épanouissement de l'art russe des palais et des parcs, l'architecture dite des «petites formes» a connu un grand développement: tonnelles, pavillons, petits ponts étaient des chefs-d'œuvre d'architecture et des arts décoratifs. On accordait à ces ouvrages une attention aussi sérieuse qu'aux grands édifices, on y travaillait avec ingéniosité, beaucoup d'esprit, de fantaisie et de goût. La disposition de ces ouvrages dans l'ensemble du parc avait une importance non moindre que le parti architectural choisi. L'harmonie de l'art et de la nature était réalisée grâce à une disposition adéquate des tonnelles et pavillons et un choix judicieux des formes.

Dans la seconde moitié du XVIIIe s., le baroque grandiose et somptueux épuise ses possibilités, après son apogée il passe rapidement de mode laissant place au classicisme qui prêchait le retour aux traditions de l'architecture classique avec son strict équilibre de la composition, le laconisme des formes et un décor sculpté relativement sobre en comparaison du baroque.

Dans le domaine de l'aménagement paysager au caractère décoratif des parcs réguliers on préfère la création de paysages qui sembleraient avoir été créés par la nature.

L'étape du passage du baroque au classicisme (le premier classicisme) est fixée par des réalisations d'Antonio Rinaldi, telles que le Pavillon de plaisance la «Montagnette», avec sa colonnade et le Palais Chinois d'Oranienbaum. Les tendances du classicisme sont plus nettes au Palais de Gatchina (1766-1781) qui se signale non plus par une magnificence somptueuse mais par une gracieuse simplicité.

Les idées de l'aménagement paysager des parcs sont réalisées avec un éclat particulier à Pavlovsk. L'ensemble architectural et paysager y fut créé notamment par Charles Cameron, Vincenze Brenna, Giacomo Quarenghi, Andréi Voronikhine, Carlo Rossi, Pietro Gonzago.

Durant la Seconde guerre mondiale les hitlériens ont occupé Peterhof, Pouchkine et Pavlovsk. Ils y ont détruit sans pitié tout ce qu'ils n'avaient pu emporter. Les palais sont devenus des monceaux de décombres calcinés. La paix revenue, ces chefs-d'œuvre ont été relevés des ruines, il n'est pas exagéré de dire que la restitution des palais et parcs qui sertissent Saint-Pétersbourg a été un exploit aussi sublime que la création de ces ensembles prestigieux.

Tous les environs de Saint-Pétersbourg ne présentent pas le même intérêt artistique. Les résidences impériales ont été disposées en chapelet au sud de Pétersbourg tandis qu'au nord de la ville, dans l'isthme de Carélie, il n'y eu pas de curiosités aussi remarquables.

Au bourg de Kuokkala (aujourd'hui Répino) se trouve le domaine-musée «Les Pénates», un monument très honoré de la culture russe: c'est là que le grand peintre Ilya Répine a passé les 30 dernières années de sa vie et qu'il est inhumé.

La région de l'isthme de Carélie avec ses sites pittoresques, ses plages de sable est un lieu de villégiature privilégié. Les massifs forestiers protègent le territoire des vents froids venus du Nord, le vent ouest qui arrive de la mer adoucit et humidifie le climat, aussi l'hiver y est-il modérément froid et l'été jamais très chaud.

A. Martynov. «Tsarskoïé Sélo. Vue sur le Palais Catherine». Lithographie. XVIIIe s.

PETRODVORETS

Le nom ancien de cette ville Peterhof (littéralement Cour de Pierre) reste très usité rivalisant avec succès avec le nom actuel de Pétrodvorets, c'est-à-dire Palais de Pierre, calque russe de l'ancien nom germanique, qui a remplacé celui-ci en 1944.
Pétrodvorets est situé sur la côte méridionale du golfe de Finlande à 29 kilomètres de Saint-Pétersbourg.
L'histoire de Pétrodvorets remonte au début du XVIIIe s. Peterhof fut créé comme monument des victoires remportées par la Russie dans sa lutte pour se doter d'une façade sur la Baltique. Presque tous les éléments de sa décoration sont subordonnés à l'idée de glorifier la puissance de la Russie sur mer.

Le littoral sud du golfe de Finlande fut peuplé autrefois par des Russes et incorporé à partir du XIIe s. aux terres de la république de boyards que fut Novgorod-le-Grand. La république féodale de Novgorod possédait de vastes territoires dont la superficie était de quatre fois supérieure à celle de la France actuelle. En 1478 la cloche qui appelait les Novgorodiens à se rassembler pour le vetché s'est tue, Novgorod et ses terres ayant été intégrés à la Moscovie. En 1617 la Suède s'empara de la côte sud du golfe de Finlande et de toutes les terres situées entre la Narva et le Volkhov, ce qui se répercuta fâcheusement sur l'état des relations politiques, économiques et culturelles avec les pays d'Europe.

Pierre Ier comprenait parfaitement que la Russie ne pouvait se développer si elle était privée d'une sortie sur la mer. Mais la Suède était à l'époque un des grands Etats absolutistes de l'Europe occidentale: l'Empire suédois englobait les territoires de la Suède, de la Norvège et de la Finlande d'aujourd'hui et quelques terres du littoral sud de la Baltique. La guerre menée par la Russie pour récupérer les terres traditionnellement peuplées par des Russes et pour sa sortie sur la Baltique qui est entrée dans l'histoire sous le nom de Guerre du Nord (1700-1721) fut dure et meurtrière. C'est en 1703, que fut fondé Saint-Pétersbourg, une citadelle, un port, qui allait devenir en 1712 la capitale de l'Empire de Russie. La victoire de la Russie dans la Guerre du Nord lui restitua sa façade maritime sur la Baltique.

Pour défendre les abords de Saint-Pétersbourg on construisit sur un haut-fond près de l'île de Kotline, dans le golfe de Finlande, une forteresse appelée Kronschlot. Plus tard une forteresse fut élevée sur l'île même que l'on appela Kronstadt. Le tsar s'y rendait souvent aussi une maisonnette fut-elle construite sur la rive sud du golfe pour qu'il pût s'y reposer, on l'appela Peterhof. Elle se trouvait un peu à l'ouest du centre actuel de l'ensemble de Pétrodvorets.

Tant que dura la Guerre du Nord, Pierre Ier ne s'occupa guère d'embellir les lieux, mais après la victoire de Poltava en 1709 et les victoires navales de Hangö et de Grenham (1714 et 1720) il décida de créer près de sa nouvelle capitale une ville-monument de la victoire de la Russie sur la Suède. Le tsar voulait de plus, que nouveau Peterhof offrît par sa magnificence un témoignage de la richesse et de la puissance de la Russie. Au cours de son voyage en France Pierre le Grand avait pu admirer le palais de Versailles. Les parcs et palais construits pour le roi et sa suite avaient coûté au pays l'équivalent du revenu annuel de la population de la France. Le tsar de Russie voulut avoir un Versailles au bord de la mer plus beau que celui du roi de France. Afin d'aménager des jardins et des parcs sur le sol argileux et humide de la côte du golfe de Finlande, il fallut effectuer d'importants travaux de drainage, enlever les couches d'argile, amener par barges de la terre et des engrais. Sur l'ordre du tsar on fit venir à Peterhof de diverses régions de la Russie et d'Europe des dizaines de milliers de plants d'érables, de tilleuls, de marronniers, d'arbres fruitiers et d'arbustes. Les inondations et les tempêtes détruisaient fréquemment les plantations qu'il fallait sans cesse remettre en état... Des bateaux amenaient à Peterhof de belles statues, des tableaux, des tissus précieux, des matériaux de construction, des pièces et sous-ensembles pour les futures fontaines.

Après la fin des hostilités, Pierre hâta la construction de Peterhof, il participa personnellement à l'élaboration des projets, donna aux architectes non seulement des directives générales mais bien souvent détailla leur travail et leur indiquait ce qu'il fallait faire pour s'acquitter de leurs tâches. Il imagina notamment les sujets des groupes sculptés des fontaines, veilla à ce que le tracé des allées mît en valeur les aménagements des parcs, les fontaines, les pavillons.

Des architectes et sculpteurs russes et étrangers prirent part à la création de Peterhof, pour ne citer que Johann Friedrich Braunstein, Mikhaïl Zemtsov, Francesco Bartoloméo Rastrelli, Niccolo Michetti, Mikhaïl Kozlovski.

L'ensemble architectural et paysager de Peterhof comprend sept parcs d'une superficie totale de plus de 800 hectares, plus de vingt palais et pavillons et une multitude de fontaines.

Pendant la Seconde guerre mondiale les hitlériens détruisirent tout ce qu'ils purent et emportèrent tout ce qui pouvait être emporté. Le 19 janvier 1944 Peterhof étant libéré offrait le tableau d'une impressionnante désolation. Des palais il ne restait que des ruines calcinées, les parcs étaient éventrés, sillonnés des tranchées. Les hitlériens avaient arraché 14 000 arbres séculaires, détruit presque toutes les fontaines, rendu inutilisables les conduites et les écluses, ils avaient emmené les statues dorées de la Grande Cascade, dont le groupe sculpté mondialement connu de Samson déchirant la gueule du lion...

Les travaux de restauration furent menés avec une ampleur colossale à Pétrodvorets (nouveau nom de Peterhof à partir du 27 janvier 1944). Les trésors des palais de Peterhof furent ramenés d'évacuation, on sortit des abris de terre les statues qu'on avait eu le temps de cacher et on les remit en état, on restitua les intérieurs des palais d'après des photos, des croquis, des détails à moitié calcinés qu'on avait pu retrouvés.

Le 25 août 1946 après une interruption de cinq ans on donna solennellement les grandes eaux à Pétrodvorets.

De nos jours les fontaines de Pétrodvorets occupent la première place au monde par l'abondance des eaux, la diversité des formes et la durée de fonctionnement.

Quand on arrive à Pétrodvorets de Saint-Pétersbourg on aperçoit sur la gauche **la Cathédrale Saint-Pierre et Saint-Paul** élevée en 1894-1905 d'après un projet de Nikolaï Soultanov. L'église fut construite dans l'esprit du style moscovite. Elle est en brique rouge, a une silhouette pyramidale, et son clocher est couronné de cinq chefs avec des bulbes dorés. Dans l'idée de Soultanov l'église devait servir non seulement au culte mais être une sorte de belvédère. En effet, on a des fenêtres supérieures une vue magnifique sur Saint-Pétersbourg, la forteresse de Kronstadt et les environs de Pétrodvorets, soit sur une trentaine de kilomètres alentour.

Juste après la cathédrale une place sur la droite est délimitée au nord par une balustrade. Au-delà, un versant verdoyant et abrupt descend jusqu'à un plateau qui s'étend jusqu'au golfe de Finlande. C'est le Parc Inférieur de Pétrodvorets.

Cathédrale Saint-Pierre et Saint-Paul.
Architecte N. Soultanov. 1894-1905.
Fragment de la Cathédrale.

LA GRANDE CASCADE

De l'esplanade de marbre tournée vers la mer, devant la partie centrale de la façade du Grand Palais, on admire la Grande Cascade dans toute sa splendeur. C'est le centre d'une véritable orgie de liesse des eaux des fontaines. La Grande Cascade compte 17 hauts degrés de cascades reliés entre eux par cinq arches, 39 statues de bronze dorées, 29 bas-reliefs et 142 jets d'eau, soit 64 lance-eau. Au-dessus de la cascade, on entend le joyeux ruissellement des eaux.
L'eau qui descend progressivement le long de ces larges marches décorées de bas-reliefs dorés arrive jusqu'aux redans

Panorama de la Grande Cascade.
A gauche, la Fontaine «Samson».
A droite, la statue d'Actéon par Ivan Martos. 1801.

inférieurs qui supportent deux sculptures: un vieillard vénérable tenant une rame et une jeune femme. Ces statues personnifient le Volkhov et la Néva qui furent joints dans la première moitié du XVIIIᵉ s. par un canal (près du lac Ladoga) et relièrent la Russie centrale à la mer. L'eau ressort par la gueule des dauphins au pied de la cascade et se déverse dans un bassin au centre duquel sur un piédestal se dresse *la sculpture de Samson* déchirant la gueule du lion. De cette gueule jaillit une colonne d'eau de 20 mètres de haut. Cette fontaine est une allégorie de la victoire de Poltava remportée le 27 juin 1709, jour de la Saint-Samson.

Les Tritons (fragment de la Grande Cascade) et le Canal maritime.
En regard, le parterre ouest de la Grande Cascade.
La Fontaine «La Nymphe». 1853 (en haut).
Le parterre est de la Grande Cascade.
La Fontaine «La Danaïde». 1853 (en bas).

Au pied de Samson l'eau jaillit de la gueule de huit dauphins formant une couronne entourant le héros. Des niches du piédestal abritent les têtes de quatre lions dont des gueules crachent des jets d'eau orientés vers les quatre points cardinaux.
Dans la Grotte Supérieure, près de la balustrade, *des Tritons*, divinités marines à corps d'homme et à queue de poisson (dans la mythologie grecque les tritons étaient des descendants de Triton, Dieu de la mer, fils de Poséidon et d'Amphitrite) soufflent dans les conques d'où jaillit de l'eau à la gloire de Samson le vainqueur.
Il est vrai que ce jour là il n'y avait encore pas la figure de Samson au pied de la Grande Cascade. On avait placé là sur son socle, un vase avec les bouquets de fleurs... La fabrication de la nouvelle statue de Samson dura plus longtemps que prévu. Des difficultés inattendues surgirent: le Samson d'avant la guerre avait été photographié des milliers de fois tant par les professionnels que par les amateurs, mais on n'avait jamais procédé à des relevés photométriques de la statue c'est-à-dire à des prises de vue d'une même distance mais de divers points de vue. Le sculpteur V. Simonov réussit cependant à recréer la statue de Samson. Le jet le plus puissant de la principale fontaine de Pétrodvorets jaillit enfin le 14 septembre 1947.
Sur la plate-forme centrale de la Grande Cascade se situe la fontaine *la Corbeille*. 28 jets d'eau qui s'entrelacent, dessinent une immense corbeille au milieu de laquelle jaillissent 11 jets d'eau verticaux formant une sorte de bouquet de fleurs. Dans le langage allégorique du XVIIIe s. une corbeille de fleurs ou de fruits symbolisait la richesse et l'abondance.
Sur les deux côtés opposés de l'un des gradins inférieurs de la cascade on peut voir deux gladiateurs se faisant face et serrant dans leurs mains des torches éteintes, ainsi que des serpents qui se tordent, symbole de la guerre victorieuse et des ennemis défaits. Des jets d'eau jaillissent de loin des gueules des serpents. Derrière les gladiateurs les grenouilles sculptées semblent se taquiner les unes les autres de leurs jets d'eau. Ces grenouilles sont censées représenter les gouvernants de la Suède.
La statue de Persée scintillant sur la Grande Cascade est une représentation symbolique du tsar Pierre le Grand. Signalons que Persée tient la tête de Méduse Gorgone qui ressemble étonnamment à Charles XII de Suède.
On remarque *la statue d'Actéon*, un beau jeune homme avec des bois de cerf sur la tête. On se rappelle qu'Actéon était un chasseur mythique de Thèbes: ayant surpris la déesse de la chasse Artémis (assimilée à la Diane italique) nue au bain il fut métamorphosé en cerf par celle-ci et dévoré aussitôt par ses chiens.

En sortant du bâtiment est du Grand Palais une route large et droite mène au **Parc d'Alexandrie**. L'endroit appartint à l'époque pétrovienne à l'ami de cœur du tsar, Alexandre Menchikov. Ce fut dans les années 30 du XVIIIe s. un bestiaire. Nicolas Ier fit don de ce parc à sa femme Alexandra, d'où son appellation. On remarque tout particulièrement dans ce parc l'église de la cour, dite *la Chapelle*, construite dans les années 1831-1833 d'après un dessin de l'architecte berlinois Karl Schinkel, par les architectes Adam Menelaws et Joseph Charlemagne, ainsi que *le Cottage* construit en 1829 par Adam Menelaws. Des remaniements partiels furent apportés par l'architecte Andreas Stackenschneider au milieu du XIXe s., et le Cottage servit souvent de résidence d'été à la famille impériale. A droite de l'allée menant à Alexandrie on remarque les coquettes *Maisons des Demoiselles d'honneur* construites en style rococo en 1850 par l'architecte Nikolaï Benois, chef de fil d'une lignée qui a fait un apport considérable au développement de la culture et de l'art russe. Une exposition intéressante est consacrée à la famille Benois. Elle a été possible grâce à la participation de nombreaux membres de la famille vivant actuellement à l'étranger.

Actéon représente une fois de plus Charles XII: châtié pour son manque de modestie et poursuivi par ses anciens alliés qui sont passés au côté de la Russie, il cherche le salut dans la fuite.
D'autres sculptures sont elles aussi allégoriques. La Grande Cascade est le centre de la composition de l'ensemble architectural de Pétrodvorets. La Grande Cascade fut conçue par Pierre le Grand mais elle a obtenu son aspect actuel au milieu du XIXe s. Elle sert en quelque sorte de socle somptueusement décoré au Grand Palais.
Le système d'alimentation en eau des fontaines fut installé en 1721-1722 sous la direction du premier ingénieur hydraulicien russe Vassili Touvolkov. Un système complexe de conduites s'étend sur près de 22 kilomètres des hauteurs Ropchinskié à Peterhof. Grâce aux particularités du relief l'eau s'écoule d'elle-même par les conduites et les canaux jusqu'aux fontaines. Il n'y a là aucune station de pompage. Les fontaines fonctionnent suivant le principe des vases communiants. L'eau s'en va dans le golfe de Finlande. Les fontaines de Peterhof ont constitué un chef-d'œuvre de l'hydraulique au XVIIIe s. Par la beauté, la puissance et la qualité des installations techniques, elles ont surpassé les fameuses fontaines de Versailles.

LE GRAND PALAIS

Le Grand Palais est la dominante architecturale de Peterhof. Il dresse au-dessus du Parc Inférieur sa façade haute de 16 mètres et longue de 250 mètres. Le toit du palais est caractéristique du style baroque. Le bâtiment central est orné d'un vase doré, et les ailes, de coupoles. Le Pavillon ouest dit *«De l'Aigle impériale»* (Korpus pod guerbom) est couronné d'un aigle à trois têtes qui, vu de divers côtés, est perçu comme un aigle à deux têtes (les Armoiries de la Russie de la fin du XVe s. jusqu'à 1917). L'aile est qui est une *Chapelle* (Tserkovny korpus) porte une croix dorée.

Le Grand Palais. Architectes: Johann Friedrich Braunstein,
Jean-Baptiste Leblond, Niccolo Michetti. 1714-1724.
La façade sud.
Fragment de la façade .

La partie centrale du palais est à trois niveaux avec des galeries à arcades le reliant au Pavillon de l'Aigle impériale et à la Chapelle. L'élégance du palais est soulignée par un décor sculpté abondant. On remarquera les grilles ajourées en fer forgé des balcons qui portent les monogrames dorés de Pierre Ier et de sa fille Elisabeth.

Le Grand Palais.
Le Pavillon «De l'Aigle impériale» .1747-1751.
La coupole du Pavillon.

Le Grand Palais.
Le Pavillon dit la Chapelle. 1747-1751.
Fragment de la coupole.

Le Grand Palais fut construit en 1714-1724 (il s'appela alors le Palais du Haut) par les architectes Johann Friedrich Braunstein, Jean-Baptiste Leblond, Niccolo Michetti. Mikhaïl Zemtsov participa aux travaux au début de 1730. La période essentielle de l'histoire du palais commença à partir du milieu des années 40 du XVIIIe s.: pendant 10 ans les travaux furent dirigés par Francesco Bartoloméo Rastrelli qui le remania entièrement. Rastrelli conserva l'ordonnancement du palais en noyau central, galeries et bâtiments latéraux. Mais il adjoignit des ailes qui s'étendirent vers le sud en direction du Jardin Supérieur. A l'est et à l'ouest Rastrelli supprima les ailes qui fermaient les galeries et les remplaça par le Pavillon «De l'Aigle impériale» et la Chapelle. Rastrelli allia avec maîtrise des motifs d'architecture russe ancienne aux formes caractéristiques du baroque. Après Rastrelli des travaux furent effectués d'après des projets de Jean-Baptiste Vallin de La Mothe (Cabinet Chinois), Youri Felten (Salle à manger, Salle de Cesmé, Salle du Trône, Salon aux Perdrix). En 1845-1850 Andreas Stackenschneider l'architecte de Cour de Nicolas Ier, apporta ses corrections aux intérieurs du Grand Palais.

Aux pages suivantes:

Le Grand Palais. L'Escalier d'Apparat.
A droite, la statue de Flore.

LE GRAND PALAIS: L'INTERIEUR

La visite du Grand Palais commence par une exposition consacrée à l'histoire de sa construction.
La salle suivante est *le Cabinet de Chêne de Pierre le Grand*, avec ses belles boiseries de style Régence sculptées par Nicolas Pineau. La variété des sujets est remarquable: attributs de l'armée et de la flotte, instruments de musique, portraits en bas-reliefs de Pierre le Grand et de sa femme Catherine. Beaucoup de ces lambris de chêne ont disparu lors de l'occupation hitlérienne. Le travail de reconstitution de ces chefs-d'œuvre a été très difficile et minutieuse: un restaurateur passait en moyenne un an et demi par panneau. Il est pratiquement impossible de distinguer les panneaux dus aux maîtres soviétiques des lambris du XVIIIe s.
Dans la même pièce se trouvent des étendards témoins des victoires de la Grande Guerre du Nord et aussi l'étendard personnel de Charles XII. On peut voir encore la montre de campagne de Pierre le Grand fabriquée à Augsburg en Bavière au début du XVIIIe s.
La salle suivante est *la Chambre à coucher d'Apparat*. L'élément principal en est une alcôve comportant un lit sculpté et doré, travail allemand de la fin du XVIIe s. Les murs sont tapissés de soie chinoise peinte de la fin du XVIIe s. Parmi les autres objets de cette pièce une pendule de maîtres anglais du XVIIIe s. présente un intérêt certain ainsi que les porcelaines de Chine et une commode exécutée par des maîtres allemands du XVIIIe s.
Vient ensuite une salle dont l'aménagement caractérise les palais russes du premier quart du XVIIIe s. On y remarque des faïences de Delft, une armoire fabriquée à Hambourg et d'autres objets de l'époque pétrovienne, dont des portraits de Pierre le Grand, Catherine Ire et Alexandre Menchikov, compagnon de toujours du tsar. Le parquet en zigzags a été posé d'après un dessin de Francesco Bartoloméo Rastrelli.
La sculpture dorée, les plafonds décorés et le magnifique parquet en marqueterie de la salle suivante sont caractéristiques de l'œuvre de Rastrelli. Il utilisa largement les miroirs pour décorer les salles obtenant un effet visuel saisissant et créant l'impression que la salle est beaucoup plus vaste qu'elle ne l'est en réalité. A remarquer tout particulièrement le mobilier, travail de maîtres hollandais, une pendule de bronze fabriquée en France et un lustre fait en Russie. Tous ces objets sont du milieu du XVIIIe s.
La salle suivante est marquée par l'influence du classicisme qui prit le pas sur le baroque en Russie dans la seconde moitié du XVIIIe s. Les adhérents du classicisme recouraient pour exprimer les idées de leur époque à des formes et à des personnages empruntés à l'art de l'Antiquité et représentaient leurs contemporains sous les traits de héros mythologiques.
Les conceptions esthétiques du classicisme se remarquent dans les œuvres d'arts décoratifs exposées dans cette salle. Parmi elles des œuvres de maîtres russes de la seconde moitié du XVIIIe s.: mobilier, lustres, candélabres. A remarquer des vases fabriqués en Angleterre, à la manufacture du céramiste Josiah Wedgwood, inventeur d'une célèbre faïence de couleur crème, dite «pâte de la reine» à partir de laquelle il confectionna des vases de différentes couleurs avec des personnages en relief et des motifs inspirés de l'Antiquité.

Le Grand Palais. L'Escalier d'Apparat.

Le Grand Palais:
La Chambre à coucher d'Apparat.
Le Cabinet de Chêne de Pierre le Grand.
La Salle de Réception Bleue.

Les portraits de Catherine II et de son mari Pierre III assassiné par des familiers de l'impératrice sont d'époque.
On peut voir dans la pièce suivante des objets qui caractérisent les arts décoratifs du milieu du XIXe s. Une armoire française contient un «service de corail», imitation très fine d'objets en corail créé dans une usine de porcelaine de Russie.
La salle suivante s'appelait *Salle des Chevaliers* ou *Salle Framboise*, ce second nom s'explique quand on sait qu'au cours du XIXe s. jusqu'à 1914 les murs de cette pièce furent tapissés de tissus couleur framboise. Lorsqu'on prépara l'exposition actuelle les murs de la salle furent tendus de soie framboise avec des motifs végétaux stylisés confectionnés dans une usine de Moscou d'après un morceau de tissu ancien. Les meubles sont de l'ébéniste anglais Thomas Chippendale. Un bureau de fabrication allemande en noyer avec une incrustation est du milieu du XVIIIe s., le miroir, la pendule et la commode furent exécutés en France au XVIIIe s., l'horloge de parquet est anglaise.

La pièce suivante est *la Salle des Etendards*. On peut y admirer des portraits d'apparat: Pierre le Grand et sa fille, l'impératrice Elisabeth, l'impératrice Anna Ivanovna. A remarquer la pendule exécutée par des maîtres français du XIXe s. représentant une scène de l'Iliade d'Homère: «Les adieux d'Hector à Andromaque». Notons également deux chandeliers français du début du XIXe s., un mobilier sculpté et doré (fin du XVIIIe s.) et le lustre (début du XIXe s.) de fabrication russe.
Nous arrivons dans la pièce suivante appelée *le Cabinet de travail*. Le mobilier est de travail français de la fin du XVIIIe s. Les candélabres ont été exécutés en France un peu plus tard. La cassette en bois de santal confectionnée en Inde appartint à l'impératrice Catherine II. On remarquera les porcelaines de Sèvre et de Mayence. Les murs du Cabinet de travail sont décorés de portraits des impératrices Elisabeth et Catherine II, du petit-fils de celle-ci Alexandre Ier jeune et de Stanislas Poniatowski, dernier roi de Pologne.

Le Cabinet de Toilette fait suite au Cabinet de travail. On y remarque un nécessaire de toilette en argent offert par Louis XV à l'impératrice Elisabeth. Les murs du *Salon aux Divans* qui fait suite sont tendus de soie de Chine dont l'âge dépasse 300 ans. Le divan turc et ses coussins sont revêtus de soie confectionnée par des serfs russes. Un curieux bibelot en porcelaine est une représentation fidèle du petit chien préféré de Catherine II.
Le Salon aux Perdrix qui fait suite a les murs tapissés d'une soie dont le dessin représente des perdrix. Le mur ouest est recouvert d'un morceau de tissu du début du XIXe s. qui s'est conservé par hasard, les autres murs sont tapissés d'une copie exacte de cette soie, fabriquée lors des travaux de restauration du Grand Palais après la guerre. Les objets les plus précieux du Salon aux Perdrix sont une girandole russe de 1780, une chiffonnière anglaise de la même époque, une commode française du milieu du XVIIIe s. et des porcelaines de Mayence du XVIIIe s.
La salle voisine s'appelle *le Cabinet Chinois est*, ainsi nommé parce qu'il se trouve à l'est de la Salle centrale, celle des Portraits. Il fut tapissé de papier chinois blanc satiné et était orné de paravents chinois laqués. La décoration actuelle de la salle a été réalisée par des maîtres soviétiques lors de la restauration du palais.

Le Grand Palais:
La Salle des Etendards. Fragment.
Le Cabinet de travail.
Le Salon aux Divans.
Le Salon aux Perdrix.

Le Grand Palais:
Le Cabinet Chinois est.
Fragment du décor du Cabinet.
La Salle des Portraits.
La Salle à manger Blanche.

La Salle des Portraits, la salle centrale du palais, se trouve dans l'axe du bâtiment. Derrière ses fenêtres on voit les jets des fontaines de la Grande Cascade. Les audiences impériales étaient souvent données aux hôtes de marque dans cette salle somptueuse. Les murs sont entièrement couverts de portraits de femmes exécutés par Pietro Rotari. Ces œuvres furent acquises auprès de sa veuve par Catherine II et placées sur son ordre dans cette salle. Les 368 portraits furent sauvés lors de l'évacuation des trésors de Peterhof. Le plafond peint, une restitution de l'œuvre du peintre italien Bartoloméo Tarsia, représente la prospérité de l'Etat sous l'égide du pouvoir autocratique sous lequel règnent la sagesse, la justice et la paix.
Après avoir traversé *le Cabinet Chinois ouest* on arrive à *la Salle à manger Blanche*. On remarque la mouluration des murs dans des médaillons ovales entre les fenêtres. Les cristaux des lustres, de fabrication russe, sont remarquables. Une table d'apparat dressée pour 30 convives trône au milieu de la salle. Le service de faïence de couleur crème fut fabriqué en Angleterre sur commande de Catherine II en 1760. Il bénéficia de la haute appréciation de la reine d'Angleterre Charlotte et on l'appela le Service royal. Il compte actuellement 196 pièces. Le mobilier de la Salle à manger Blanche fut exécuté au XIXe s. d'après des modèles du XVIIIe s.

La Salle des Audiences (ou *Salle des Dames d'honneur)* se situe entre la Salle à manger Blanche et la vaste *Salle du Trône* (342 mètres carrés). Elle fut aménagée en 1750 d'après un projet du brillant Rastrelli et était destinée aux solennités et réceptions officielles. Le trône, œuvre de maîtres russes, est d'époque, il appartenait à Pierre le Grand. On remarque au-dessus du trône un portrait équestre de Catherine II. Des portraits de tsars et tsarines de la dynastie des Romanov occupent les murs sur tout le périmètre de la salle. Elle est éclairée par 12 lustres et appliques de bronze exécutés par des maîtres russes dans les années 80 du XVIIIe s.

La décoration de *la Salle de Cesmé*, la suivante, rappelle la bataille navale qui opposa une escadre russe et la flotte turque en juin 1770 dans la baie de Cesmé, en mer Egée, bataille qui se termina par une brillante victoire des marins russes. La salle (avec les tableaux du peintre allemand Philippe Hackert) est un monument de la victoire de la Russie sur la Turquie dans la guerre de 1768-1774.

Hackert reçut la commande des tableaux en 1771. Lors de l'approbation des esquisses, le comte Alexéi Orlov qui avait dirigé l'opération de Cesmé émit des remarques critiques sur la toile représentant l'explosion d'un navire. Hackert rétorqua qu'il n'avait jamais vu exploser des bâteaux. Orlov décida alors de montrer au peintre ce qu'était une véritable explosion. Il choisit à cet effet la frégate de 60 canons «Sainte-Barbe» (Sviataïa Varvara). Avec l'aval de l'impératrice et du duc de Toscane, la «Sainte-Barbe», qui était en rade à sept milles de Livourne fut bourrée de poudre, on y mit le feu et elle explosa. Hackert peignit rapidement les principaux éléments de ce spectacle. Gœthe devait noté que c'était là le modèle le plus onéreux qui ait jamais servi à un peintre.

Les diplomates étrangers attendaient dans la Salle de Cesmé d'être reçus par Catherine II dans la Salle du Trône.

Le Grand Palais:
Le Cabinet Chinois ouest.
Elément du décor du Cabinet.
Fragment du plafond laqué.
La Salle des Audiences.

Le Grand Palais. La Salle du Trône.
Le portrait équestre de Catherine II.

LE JARDIN SUPERIEUR

Côté sud, la façade du Grand Palais s'ouvre sur le Jardin Supérieur avec ses fontaines, qui s'étend sur 15 hectares. C'est un vaste parterre bordé de tilleuls taillés. Parmi les ornements du jardin, signalons quatre tonnelles reliées par des allées couvertes formées par une succession d'arcs auxquels s'accrochent des plantes grimpantes. On pénètre dans le jardin par un portail forgé ajouré avec des pylônes de 10 mètres ornés de colonnes corinthiennes.

La première des fontaines s'appelle *la Fontaine de l'Incertitude* (Méjéoumny). C'est un bassin rond de 30 mètres de diamètre avec au milieu un dragon aux ailes déployées. Il est entouré de quatre dauphins. Le dragon et les dauphins crachent des jets d'eau.

La fontaine suivante est *la Fontaine «Neptune»*, centre de la composition du Jardin Supérieur. Elle est décorée d'un groupe sculpté à trois degrés, sa composition rappelle quelque peu la fontaine du même nom devant la «Mairie rouge» à Berlin. Le Dieu de la mer tient de sa main droite un trident, symbole de son pouvoir sur les eaux. Sa tête est ceinte d'une couronne d'où s'échappent de longues boucles lui couvrant les épaules. Les quatre côtés du socle sont décorés de masques de monstres marins d'où sortent des jets d'eau. Le piédestal est abondamment décoré de mascarons, bas-reliefs de bronze, guirlandes de coquillages, de fleurs et de feuilles de chêne. Des sculptures sont disposées autour du piédestal: des cavaliers montés sur des hippocampes pourchassent des dauphins. Huit dauphins crachant de l'eau s'ébattent dans un bassin rectangulaire.

Le groupe «Neptune» fut amené en Russie de Nuremberg. A l'occasion de la fin de la guerre de Trente Ans (1618-1648), la municipalité avait décidé d'installer une grande fontaine sur la place du Marché. La composition fut créée dans les années 1650-1658 et comportait 27 personnages et éléments décoratifs.

Panorama du Jardin Supérieur.

Le Jardin Supérieur. La Fontaine de l'Incertitude.

Quand la fontaine fut terminée, il apparut que le débit des rivières qui devait l'alimenter était insuffisant. La composition fut démontée et entreposée. En 1782, l'héritier du trône de Russie, le futur Paul Ier qui voyageait en Europe visita Nuremberg. L'Hôtel de ville, pour renflouer ses caisses lui proposa d'acheter «Neptune». Paul accepta et paya généreusement 30 000 roubles. En 1799 «Neptune» prit sa place dans le Jardin Supérieur de Peterhof. Au XIXe s. le gouvernement de l'empereur d'Allemagne engagea des négociations avec la Russie en vue de faire revenir «Neptune» à Nuremberg. La demande fut déclinée mais, en 1896, le gouvernement russe donna la permission aux autorités allemandes à faire des moulages de «Neptune» dont une copie fut érigée à Nuremberg en 1902.
Durant l'occupation de Peterhof les hitlériens démontèrent et emportèrent «Neptune». Il fut découvert en Allemagne en 1947, et la fontaine réintégra sa place dans le Jardin Supérieur en 1956.
Sur le côté sud du bassin «Neptune» se dresse sur une éminence un piédestal de granit avec une statue en bronze d'Apollon (copie de la statue de plomb qui y avait été placée à la limite du XVIIIe et du XIXe ss.).
Non loin de «Neptune», dans un même axe, se trouve *la Fontaine du Chêne*. Au XVIIIe s., il y avait au centre du bassin, une fontaine en forme de chêne ce qui donna le nom à la fontaine. Elle l'a gardé jusqu'à ce jour, bien que sa forme ait complètement changé.
Le bassin rond est entouré de granit et au centre, se dresse sur un gros bloc de pierre en forme d'étoile un Amour mettant un masque. Ce marbre, œuvre du sculpteur italien G. Rossi (deuxième moitié du XIXe — début du XXe ss.), fut placé là en 1929. Les dauphins aux extrémités des branches de l'étoile crachent de l'eau.
Deux plans d'eau tout près des murs du Grand Palais s'appellent les Etangs Carrés. Cette appellation n'est pas tout à fait exacte: les dimensions de ces pièces sont de 54x45 mètres. Une statue de marbre entourée de jets d'eau se dresse au centre de chacune d'entre elles.

LE PARC INFERIEUR

Une pente douce mène au Parc Inférieur. Sur plus de 102 hectares on y trouve huit palais et pavillons, on admire la féerie aquatique de quatre cascades, une foule de statues de marbre et de bronze. Une des particularités du Parc Inférieur c'est sa symétrie rigoureuse, la netteté géométrique des divers aménagements.

L'Orangerie (style baroque) sur la gauche est un élégant bâtiment avec une mansarde. Il fut bâti dans les années 1723-1724 sur un projet de Johann Braunstein et Mikhaïl Zemtsov. L'Orangerie brûla pendant l'occupation hitlérienne. Elle fut reconstruite en 1954 d'après un plan du début du XVIIIe s. On y a installé en 1990 un musée de figures de cire à l'instar du musée Grévin à Paris. Les visiteurs peuvent voir Pierre le Grand en proie à la colère en train d'interroger son fils rebelle Alexis alors que le prince Menchikov écoute par une porte entrouverte... La fille de Pierre le Grand, la tsarine Elisabeth, joue aux cartes avec son favori le comte Chouvalov... Catherine II écoute le dramaturge Denis Fonvizine lui lire ses pièces. Parmi les autres personnages historiques de ce musée citons Paul Ier, le généralissime Souvorov, le roi Charles XII de Suède.

Devant l'Orangerie s'étend un jardin au centre duquel se trouve *la Fontaine de Triton*. Elle représente un combat entre Triton, fils de Poséidon, et un monstre marin. Le corps lacéré, surmontant sa douleur, Triton ouvre la gueule du monstre d'où jaillit une colonne d'eau de huit mètres de haut. Des tortues prises de peur fuient le lieu du combat. La fontaine (1720) avait un sens allégorique: elle devait rappeler la victoire remportée par la flotte russe sur les Suédois à proximité de la presqu'île de Hangö en juillet 1714.

Près de l'Orangerie il y a une place. De là descend une des plus célèbres cascades de Peterhof, *la Cascade des Dragons* (appelée encore *Cascade de l'Echiquier)*.

La cascade est composée de fontaines disposées sur trois terrasses pavées de marbre noir et blanc formant un échiquier.

Le Jardin Supérieur. La Fontaine «Neptune».

Le Parc Inférieur. La Fontaine de Triton. Fragment de la Fontaine.

Trois dragons de bronze, l'air menaçant, gardent l'entrée de la grotte au niveau supérieur... L'eau coule à flots de leurs gueules. Des deux côtés de la cascade on voit sur les piédestaux de pierre des statues de marbre représentant des personnages mythologiques. Si l'on regarde la cascade de bas en haut, les sculptures de gauche sont disposées dans l'ordre suivant: Sacrificatrice, Olympie (symbole de la ville du Péloponnèse où se trouvait le temple de Zeus et où se déroulaient les Jeux Olympiques); Jupiter (principale divinité du Panthéon romain); Flore (déesse de la puissance végétative); Neptune (dieu romain des mers identifié au Poséidon grec).
A droite de la cascade on trouve: Pluton (dieu grec des Enfers); Pomone (divinité des jardins et des fruits); Vulcain (dieu du feu dans la mythologie romaine, protecteur des forgerons); Adonis (jeune homme d'une grande beauté selon la mythologie grecque); Cérès (déesse de l'agriculture et de la fertilité). Toutes ces statues sont dues à des sculpteurs italiens du XVIIIe s. Au début de la guerre de 1941-1945 elles furent cachées sous terre et se sont conservées. Les dragons furent emmenés par les occupants et reconstitués en 1953 d'après des dessins du XVIIIe s.
Deux fontaines semblables décorent une vaste place au pied de la Fontaine de l'Echiquier. Elles y furent placées en 1739 et on les appela *les Fontaines Romaines* parce qu'elles rappelaient les fontaines situées devant Saint-Pierre de Rome. Ces fontaines furent remaniées en 1799, leurs socles de bois furent revêtus de marbre. Chacune de ces fontaines a pour socle un piédestal haut de 8 mètres composé de deux cubes de différentes dimensions avec au-dessus de vasques de marbre. Des jets d'eau s'en élèvent et en tombant se brisent contre les vasques pour remplir des bassins ouvragés.

Aux pages suivantes:

La Cascade de l'Echiquier. Architecte Niccolo Michetti. 1721.

Plusieurs allées partent en étoile de la place des Fontaines Romaines. L'une d'elles s'en va vers le nord-est jusqu'à *la Fontaine de la Pyramide*. Celle-ci est composée de 505 tubes disposés à différents niveaux. L'eau écumante et scintillante qui en jaillit emplit un bassin carré et s'écoule par quatre cascades dans un canal qui fait le tour de la composition.
La fontaine fut créée par les architectes Mikhaïl Zemtsov et Niccolo Michetti. Celui-ci avait reçu de Pierre le Grand des indications précises sur l'aspect que devait avoir la «pyramide d'eau». Le tsar se référait à une fontaine pyramidale vue en France où l'eau jaillissait de 500 tubes.
Au milieu d'une autre allée qui va de la place des Fontaines Romaines à la mer on aperçoit un monument de Pierre le Grand, œuvre du célèbre sculpteur russe Mark Antokolski réalisée en 1884. Le monument fut emporté par les hitlériens. Une maquette s'était conservée dans les réserves d'un des musées de Saint-Pétersbourg, elle servit à la reconstruction de la statue de bronze, ce qui a permis à Pierre le Grand de «reprendre» sa place.
C'est dans cet endroit du Parc Inférieur que se trouvent plusieurs fontaines amusantes dites «choutikhi» ou fontaines-surprises. Parmi elles: *l'«Ombrelle», le «Chêneau»* et *les «Petits Sapins»*. Elles ont été aménagées après la mort de Pierre le Grand mais suivant le modèle des fontaines-surprises réalisées d'après ses indications, comme par exemple les petits bancs de bois ou de fer à l'air inoffensif placés non loin du Palais de Monplaisir. Dès qu'un hôte s'asseyait sur l'un de ces bancs, celui-ci éclatait en jets d'eau et l'hôte aspergé, confus, fuyait bien vite ce rideau d'eau sous les rires des dames et cavaliers qui flânaient.
Derrière le monument de Pierre le Grand s'ouvre un petit jardin carré entouré de trois côtés par des bâtiments bas. Le tsar aimait s'y promener et s'y reposer. Au centre du jardin on remarque *la Fontaine de la Gerbe*: 25 jets d'eau regroupés font penser à des épis liés en gerbe. Les autres fontaines du jardinet s'appellent les *«Cloches»*.

Fragment de la Cascade de l'Echiquier.
La Fontaine dite l'Ombrelle.
La Fontaine de la Gerbe. A l'arrière-plan, l'aile Catherine.
Les Fontaines Romaines.

LE PALAIS DE MONPLAISIR

Les bâtiments qui entourent le jardin de trois côtés sont ceux du Palais de Monplaisir, fleuron de Pétrodvorets. Le principal, un bâtiment de 67 mètres, se trouve du côté de la mer.
On suppose que l'architecte et le sculpteur allemand Andreas Schlüter a participé à l'élaboration des plans du palais. Quant à l'idée générale de l'ensemble, elle appartient à Pierre le Grand. Les travaux ont duré de 1710 à 1723.
Monplaisir n'est pas grand, mais confortable. Même après que furent construits les bâtiments sur la colline (noyau du Grand Palais au-dessus de la Grande Cascade) Pierre continua de préférer Monplaisir. Il y recevait ses hôtes étrangers, y organisait de gais festins, des fêtes familiales.
La visite du palais commence par le pavillon est appelé Lusthaus ou maison de plaisance.
Une haute porte vitrée mène du Lusthaus à *la Galerie est* longue de près de 20 mètres. La partie gauche (sud) est une longue arcade formée par 16 grandes portes vitrées ouvrant sur les fontaines et les parterres du jardin de Monplaisir.
Le mur nord de la galerie est lambrissé de chêne et décoré de tableaux de maîtres hollandais et flamands de la première moitié du XVIIIe s. On remarque tout particulièrement deux toiles exécutées dans un style extrêmement naturaliste, l'une est gravure au portrait d'homme et l'autre, la nature morte aux médailles et à la pendule.

Le Jardin de Monplaisir. La Fontaine-cloche «Psyché». Une copie par Antonio Canova. XIXe s. La Galerie de Monplaisir.

Le Palais de Monplaisir:
Le Cabinet de Laque. Fragment du mur.
La Salle d'Apparat.

Une porte de chêne mène de la Galerie est à la première des pièces de la partie centrale du palais, *le Cabinet de Laque*. Tous les panneaux ont été exécutés par des peintres russes à partir d'études minutieuses des méthodes des maîtres de la peinture laquée chinoise.

L'aménagement de *la Salle d'Apparat*, principale pièce de Monplaisir, est le même que dans les galeries du palais: lambris de chêne dans lesquels sont encastrés des tableaux, plafond luxueux avec une haute coupole. A l'époque pétrovienne cette salle servait à des réceptions diplomatiques, des bals et soirées de ripaille. L'une des pièces les plus intéressantes des appartements de l'empereur est sans doute *le Cabinet Marin de Pierre le Grand* situé à l'ouest de la Salle d'Apparat. Les murs du cabinet sont revêtus de lambris de chêne et décorés de carreaux de faïence encastrés représentant treize types de vaisseaux de guerre du XVIIIe s.

Le Palais de Monplaisir:
Adam Siloe. «Les voiliers en rade».
Peintre anonyme.
«Petit déjeuner devant un tonneau».
Le Cabinet Marin de Pierre le Grand.
En bas, à droite, l'aile Catherine. L'intérieur.

La porte du mur sud du cabinet mène à *la Chambre à coucher*. Le lit à baldaquin bas correspondait au goût de Pierre le Grand. *La Chambre du Secrétaire* qui jouxte la chambre à coucher est celle où veillait l'ordonnance du tsar. Les carreaux de faïence sur les murs sont à paysages hollandais comme ceux de la cuisine. La Chambre du Secrétaire donne sur *la Galerie ouest*, identique à celle qui se trouve côté est de Monplaisir. Un petit tableau de genre «*Conversation amicale*» sur le mur est de la galerie mérite attention. On pense que l'un des personnages représentés est Pierre le Grand en personne de même que sur le tableau «*Petit déjeuner devant un tonneau*».

L'aile Catherine est presque attenante au Lusthaus ouest de Monplaisir. Elle a été construite au milieu du XVIIIe s. par Francesco Bartoloméo Rastrelli. Son nom vient de ce que la femme de Pierre III Catherine (la future Catherine II), écartée de la cour vécut dans une annexe en bois à côté. La façade nord du Palais de Monplaisir donne sur une charmante terrasse entourée d'une balustrade en pierre blanche. La statue de bronze de Neptune fut coulée par un maître russe anonyme en 1716. Cette sculpture n'existait pas sous Pierre le Grand, elle a été amenée à Peterhof en 1932.

La Fontaine «Adam» à l'ouest de cette terrasse avec vue sur la mer est de 1721. La statue de marbre l'«Adam», œuvre de Giovanni Bonazza, fut exécutée à Venise sur commande de Pierre le Grand. La composition de la fontaine s'inscrit remarquablement dans l'agencement de cette partie du Parc Inférieur. 16 jets d'eau jaillissent du pied de la sculpture et emplissent un bassin octogonal. De ses huit faces partent en étoile huit allées qui réunissent la fontaine aux autres aménagements du parc.

La Fontaine «Eve» fait pendant à «Adam» à égale distance du canal par lequel les eaux de la Grande Cascade s'écoulent dans le golfe de Finlande. La statue d'Eve de même que celle d'Adam fut exécutée en marbre de Carrare par le sculpteur vénitien Giovanni Bonazza. De la Fontaine «Eve» l'allée qui s'en va vers le nord-ouest conduit jusqu'au Palais-pavillon de l'Ermitage. De tels châteaux isolés à l'instar de Trianon étaient fréquents dans les résidences de campagnes des monarques de Russie.

Le Palais-pavillon de l'Ermitage fait pendant à Monplaisir, il occupe dans la partie ouest du Parc Inférieur le même emplacement que Monplaisir dans la partie est. Ce bâtiment à un étage est relativement bas, 11 mètres seulement. Il est de plan rectangulaire, le premier étage est plus élevé. Le pavillon est d'une sévère élégance. De belles grilles forgées décorent les balcons de l'étage, la façade est ornée de pilastres coiffés de chapiteaux corinthiens.

L'Ermitage fut construit d'après un projet de Johann Friedrich Braunstein. Pierre le Grand, lui-même, participa à son agencement. Une cuisine fut construite au rez-de-chaussée et une cheminée installée au premier, sur ses indications. Le tsar inventa la table et le fauteuil montants. C'est à lui que revient l'idée de recouvrir de tableaux les murs de l'étage du pavillon. L'Ermitage lui doit ses balcons et les grilles de fer forgé des fenêtres.

La salle du premier étage est très vaste (80 mètres carrés). Les grandes fenêtres et portes-fenêtres découvrent un magnifique panorama sur la mer et les allées du Parc Inférieur.

A l'ouest de l'Ermitage se trouve l'ensemble du **Palais de Marly** construit en 1719-1723 par Johann Friedrich Braunstein. Pierre le Grand avait visité en 1717 le château de Marly construit pour Louis XIV par Mansart dont le thème était la glorification du roi-Soleil.

Le Marly de Peterhof est un modeste bâtiment à étage, de plan carré. Les façades ouest et est comportent des balcons à grilles de fer ouvragé portant le monogramme de Pierre le Grand. La façade principale (est) de Marly s'ouvre sur une grande pièce d'eau rectangulaire.

La Fontaine «Adam» et la Fontaine «Eve», par Giovanni Bonazza.
Le Palais-pavillon de l'Ermitage. 1721-1725.
Le Palais de Marly. 1719-1723. Architecte Johann Friedrich Braunstein.

Les fontaines de Marly se trouvent au sud de la pièce d'eau rectangulaire. Faisant pendant à la Cascade aux Dragons (montagne de l'Echiquier dans la partie est du Parc Inférieur), la Cascade de Marly ou *Montagne d'Or* est le temps fort de la composition de la partie ouest du parc. La cascade fut construite en 1721-1723 d'après un projet de Pierre le Grand et de Niccolo Michetti. Son aspect actuel date de 1732. Mikhaïl Zemtsov releva alors légèrement les gradins et recouvrit les contremarches de feuilles de cuivre doré créant un jeu de reflets intéressant. La cascade s'appelle depuis la «Montagne d'Or». Les bords de la cascade sont revêtus de marbre blanc. 22 larges gradins descendent rythmiquement entre ses bords. Lorsqu'on fait jouer les eaux ces gradins créent l'illusion d'un haut mur en or le long duquel s'écoulent des eaux de cristal. C'est un des plus beaux spectacles de Peterhof.

Au-dessus de la cascade, de sa contremarche dorée supérieure se dresse un mur de marbre d'élégantes proportions décoré de sculptures: Neptune au centre, Triton soufflant dans un cor à gauche et Bacchus tenant une grappe de raisin et une coupe, à droite. Sous les piédestaux de chacune de ces sculptures on remarquera trois mascarons dorés représentant des êtres marins fabuleux exécutés d'après des dessins de Mikhaïl Zemtsov.

Les statues de marbre de la Montagne d'Or sont des copies antiques achetées en Italie et des œuvres originales de sculpteurs italiens du début du XVIIIe s.

Au pied de la Montagne d'Or, deux fontaines envoient des jets puissants, on les appelle *les Fontaines Ménagères* (du mot français ménager, c'est-à-dire économique). En effet leurs jets d'eau de 30 centimètres d'épaisseur sont en réalité creux. D'où une économie de l'eau. Ces fontaines ont été installées sur une idée de Pierre le Grand.

Entre les Fontaines Ménagères et le bord sud de la pièce d'eau rectangulaire se trouvent quatre fontaines originales: *les Tritons-cloches*. De jeunes Tritons sont agenouillés dans de petits bassins de forme curieuse. Ils tiennent dans leurs mains levées des coupes sur lesquelles reposent des cloches.

La Cascade dite la «Montagne d'Or» et les Fontaines Ménagères.
L'attique de la «Montagne d'Or».

LOMONOSSOV

Ce site admirable de la banlieue de Saint-Pétersbourg se trouve à 40 kilomètres de la ville au bord du golfe de Finlande.
L'origine du nom Oranienbaum reste incertaine. La tradition rapporte un épisode lié au début de la Guerre du Nord contre la Suède qui voudrait que lors de la reconquête des terres situées au sud du golfe on ait découvert une orangerie avec des bigaradiers ou orangers amers, à l'emplacement de la future métairie que se devait de faire construire Menchikov. Sur chacun des arbres une inscription disait en allemand «Oranienbaum». Pierre Ier fit donner ce nom à la propriété dont il fit don à son ami de toujours. Beaucoup plus tard, en 1785, lorsque des armes furent conférées aux villes de la Russie, un oranger amer figura sur celles d'Oranienbaum.
Au nombre des versions récentes concernant l'origine du toponyme Oranienbaum, citons une publication de 1990 qui affirme que le mot Oranienbaum signifie non pas un oranger amer (comme on l'a à maintes reprises affirmé dans les publications consacrées à l'histoire d'Oranienbaum) mais «arbre d'Orange». Le roi d'Angleterre et stathouder de Hollande Guillaume III d'Orange, grand capitaine et homme d'Etat éminent, était très admiré par Pierre Ier. Et bien que le tsar de Russie n'eût pas réussi en 1690 à convaincre le roi d'Orange à adhérer à la coalition antiturque, il lui garda tout son respect.
En 1703 Pierre Ier appelle Oranienburg une forteresse qu'il vient de faire construire près de Voronèje et en fait don à Menchikov. Et quand le favori du tsar aménage sa résidence sur les terres que celui-ci a offertes près de Saint-Pétersbourg, il l'appelle Oranienbaum.
Oranienbaum porte le nom du grand savant encyclopédiste Mikhaïl Lomonossov (1711-1765) depuis le 23 février 1948.
Les travaux d'aménagement d'Oranienbaum furent menés assez rapidement dans les années 50 du XVIIIe s. On éleva alors pour l'héritier du trône de Russie, le futur Pierre III, une forteresse, un palais et on traça les allées du parc. Après la révolution de palais qui fit monter sur le trône Catherine II, femme de Pierre III qui fut renversé, l'importance d'Oranienbaum ne fait que croître. Les travaux vont bon train (c'est alors qu'est construit le Pavillon de plaisance la «Montagnette»). Une grande attention est accordée à la décoration des intérieurs: moulurations, marbre artificiel, miroirs, papier peint, parquet marqueté, peintures, sculptures. De nouvelles allées sont tracées dans les parcs. Pendant la Seconde guerre mondiale le Palais Chinois, le Palais de Pierre III, le Pavillon de plaisance la «Montagnette», les parcs souffrirent des tirs d'artillerie.
D'importants travaux de restauration furent nécessités pour remettre les monuments d'architecture en état et réaménager les parcs.

Pont Piétrovski à travers la rivière Karost.

Le Grand Palais est la dominante architecturale d'Oranienbaum-Lomonossov. La façade principale qui s'ouvre sur le golfe fut conçue pour être vue et contemplée de la mer. Elle s'étire sur 210 mètres. Le palais est dressé sur une hauteur, il est à deux niveaux de terrasses avec des escaliers qui sont partie intégrante de l'ensemble.

Des ailes sans étages sont contiguës au bâtiment central du Grand Palais. Ces ailes sont terminées de chaque côté par des pavillons dont l'un est la Chapelle et l'autre, le Pavillon Japonais. Côté sud deux bâtiments sont attenants aux pavillons: l'aile des Demoiselles d'honneur et les Cuisines. Ils forment l'espace de la Cour d'honneur du Grand Palais.

Menchikov, compagnon de Pierre Ier jouissait des généreuses faveurs du monarque. Sa richesse lui a permis de bâtir à Oranienbaum un palais qui ne le cédait pas par ses dimensions et son luxe à ceux qui furent construits pour Pierre le Grand. Le palais d'Oranienbaum fut le plus grand de Russie à l'époque pétrovienne.

Le Grand Palais d'Oranienbaum (palais Menchikov) fut créé par les architectes Giovanni Fontana et Johann Gottfried Schädel entre 1710 et 1727. Des remaniements partiels lui furent apportés au cours du XVIIIe s. (avec la participation de Mikhaïl Zemtsov, Piotr Eropkine, Francesco Bartoloméo Rastrelli, Antonio Rinaldi et d'autres).

Les aménagements intérieurs du palais de l'époque de Menchikov n'existent plus depuis le XVIIIe s.

En 1745 sur ordre de la tsarine Elisabeth, fille de Pierre le Grand, son neveu Pierre, âgé de 17 ans, petit-fils de Pierre le Grand et fils du duc de Holstein, fut marié à une princesse allemande née Sophie d'Anhalt-Zerbst, âgée de 16 ans, rebaptisée Catherine (la future Catherine II). Elevée dans les traditions allemandes, l'héritier du trône, le futur Pierre III, fervent admirateur de Frédéric II le Grand, affichait constamment son attachement aux principes militaires prussiens.

Cet engouement de Pierre III fut à l'origine de la construction sur son ordre dans le Parc Supérieur d'Oranienbaum de la forteresse appelée Peterstadt. Cette forteresse miniature fut élevée d'après toutes les règles de l'art des fortifications de l'époque. En 1758-1762 l'architecte italien Antonio Rinaldi éleva sur le territoire de Peterstadt un palais à étage. Il ne s'est conservé de l'ensemble de Peterstadt que le Palais de Pierre III et le Portail d'honneur.

Le Palais de Pierre III n'est pas grand, son volume rappelle un cube dont on aurait coupé un des angles. Ce fragment du bâtiment est traité comme façade principale du palais. C'est dans ce renfoncement que se trouve l'entrée d'honneur surmontée d'un élégant balcon avec une grille ouvragée et deux niches avec des sculptures, de part et d'autre.

Le Pavillon Japonais du Grand Palais
vu de l'Etang Inférieur.
Le Palais de Pierre III. Architecte Antonio Rinaldi. 1758-1762.

Les quatre pièces du rez-de-chaussée n'étaient pas ornementées, elles étaient les pièces d'habitation des domestiques et les locaux de service. Un escalier en colimaçon conduit au premier étage. Six salles de dimensions modestes en font le périmètre. La première est *l'Antichambre*. On y remarque une armoire en noyer de fabrication allemande (1740). On y expose de petits soldats en porcelaine de Mayence. C'étaient les jouets préférés de Pierre III, il les disposait dans l'armoire à glace et aimait contempler leur reflet multiplié.

Sont également exposés dans les vitrines des uniformes militaires, notamment l'uniforme d'officier de la garde de Catherine II en soie verte brodée au fil d'or. Au-dessus de la vitrine, un portrait de Pierre III (XVIIIe s., auteur anonyme).

La pièce suivante est la toute petite *Salle de Buffet*. Il ne subsiste du décor d'origine que celui du mur est. Les rayonnages en bois ouvragé incorporés aux motifs décoratifs forment un panneau stylisé. Il fut réalisé par le peintre Fédor Vlassov dans les traditions de l'art chinois. Ce même artiste a décoré d'autres pièces du premier étage du palais (Salle des Tableaux, Cabinet, Chambre à coucher) de laques inspirées par des motifs chinois.

La Salle des Tableaux a perdu son aspect d'origine à la fin du XVIIIe s. quand les toiles qui décoraient ses murs ont été emmenées à Saint-Pétersbourg. Ce n'est que lors des travaux de restauration après la dernière guerre qu'on a découvert dans les archives des plans qui ont permis de retrouver le dessein de l'architecte. L'aménagement de la Salle des Tableaux qui a été restitué en 1961-1962 est assez proche de celui d'origine. Toutes les toiles ne sont pas d'égale valeur, mais leur accrochage en «tapissant» entièrement les murs et en harmonisant les coloris est le gage d'un effet décoratif très sûr. La Salle des Tableaux du Palais de Pierre III fut souvent utilisée pour y organiser des déjeuners ou dîners à l'intention d'hôtes de marque. C'est ce qui explique qu'on y ait placé une table avec un service en faïence de la célèbre manufacture de l'Anglais Josiah Wedgwood, amené à Oranienbaum en 1750.

Le Cabinet séduit par les moulurations du plafond. L'aménagement de cette pièce a été en partie restitué avec notamment une glace anglaise du XVIIIe s. (d'après un inventaire de 1765, elle se trouvait précisément dans cette pièce). On remarque des échantillons de porcelaine chinoise ancienne et un bahut japonais.

Apollon du Belvédère. Marbre. Une copie du XVIIIe s. de l'original antique du IVe s. av. n. è.

Dans *la Chambre à coucher* on admirera les très belles moulures du plafond, une des meilleures œuvres d'Antonio Rinaldi. A remarquer la «Fleur de Rinaldi» incluse dans le décor moulé que l'architecte a reprise plus d'une fois par la suite, notamment pour décorer les intérieurs du Pavillon de plaisance la «Montagnette».

Les murs de la Chambre à coucher sont ornés d'échantillons d'émaux peints du XVIIIe s. dans la tradition chinoise. Le mobilier est du XVIIIe s.: une commode, une petite armoire à incrustations, les chaises de fabrication française et des porcelaines de Mayence du XVIIIe s.

Dans le petit *Boudoir* l'attention du visiteur est attirée par les moulurations présentant des sujets tirés de l'histoire de la forteresse de Peterstadt. Le dessin de cette forteresse est très fin, avec ses tours, ses remparts de terre et les canons sur l'enceinte. La pièce d'eau voisine du Palais de Pierre III est également représentée, avec la flotille de galères, de navires et de barques, ainsi que des épisodes de combat entre les cavaliers. Les murs du Boudoir sont parés de boiseries d'acajou et de noyer. Les tapisseries de satin bleu brodées du XVIIIe s. ne se sont pas conservées. On peut voir une étagère chinoise sur laquelle sont présentés de gracieux objets d'arts appliqués de Chine. A remarquer une sphère en ivoire, échantillon unique d'art chinois. Cette sphère taillée dans une défense d'éléphant contient des sphères gigognes qui tournent librement à l'intérieur.

Le parc dessiné sur le territoire de l'ancienne forteresse est orné d'une copie en marbre d'«Amour et Psyché» d'Antonio Canova et d'un «Amour bandant son arc», copie d'une œuvre d'Etienne Falconet, auteur du «Cavalier de bronze», le fameux monument équestre de Pierre Ier à Saint-Pétersbourg.

Le Portail d'honneur devant le Palais de Pierre III est une œuvre curieuse d'Antonio Rinaldi. Les pylônes de l'arc du Portail d'honneur sont décorés de modestes pilastres. Les vantaux sont un entrelacement de bandes de fer forgé fixées par des rosettes. L'arc comporte dans sa partie supérieure un bas-relief en cuivre doré représentant des étendards, une panoplie d'armes. L'arc est surmonté d'une petite tour octogonale couverte par une coupole avec une haute flèche. La girouette porte «1757», la date de la construction du portail.

Apollino. Bronze. Une copie du milieu du XIXe s. de l'original antique du IVe s. av. n. è.

LE PALAIS CHINOIS

Plus à l'ouest encore du Palais de Pierre III se dresse le Palais Chinois construit sur des plans d'Antonio Rinaldi en 1762-1768. Son nom qui ne date que du XIXe s. peut surprendre car il n'a rien pour rappeler l'architecture de la Chine. Il n'y a que certains intérieurs qui furent décorés dans le style chinois. On pouvait voir au palais d'importantes collections d'arts décoratifs chinois et de porcelaine japonaise. Certains de ces ouvrages font encore la fierté du Palais Chinois qui se signale par le raffinement des intérieurs, la diversité des moulurations et ses parquets qui sont des chefs-d'œuvre de marqueterie. Les plus beaux palais d'Europe pourraient s'enorgueillir de posséder les panneaux muraux, les plafonds, les tableaux au-dessus des portes et les peintures du Palais Chinois.
Les travaux d'aménagement furent menés et achevés pour l'ensemble en 1764-1768. Six pièces du palais furent tapissées de toiles peintes. Ces véritables tableaux se sont conservés dans le Cabinet d'Or, l'Antichambre et le Cabinet de Paul Ier. La plupart des tableaux et décorations murales du Palais Chinois ont été exécutés par de grands maîtres italiens. Deux d'entre eux Serafino Barozzi et Stefano Torelli travaillèrent à Oranienbaum. Les autres réalisèrent en Italie des compositions sur des thèmes concertés à l'avance selon la destination et le caractère général de l'aménagement de la pièce auxquels elles étaient destinées. Si bien que toute une école de peintres italiens du XVIIIe s. est présentée au Palais Chinois: ce sont des maîtres de l'Académie des Beaux-Arts de Venise dont l'activité a marqué le dernier temps fort de l'art italien qui connaissait le déclin à la fin de ce siècle. Citons entre autres Gaspare Dizziani, Francesco Zugno, Giacomo Guarana. Pietro Rotari (1707-1762) arrivé en Russie en 1756 est représenté par 22 portraits féminins typiques de son pinceau.
Ce palais n'était pas destiné à être une résidence permanente de la famille impériale, il ne servait que pour des séjours brefs parfois de quelques heures de Catherine avec sa suite arrivée principalement de Peterhof.
On l'appelait alors la «Maison hollandaise». En 29 années Catherine II n'y a habité que 48 jours. Avec la tsarine, à part ses familiers, y venaient des souverains étrangers (Joseph II d'Autriche, Gustave III de Suède) et parfois des ministres représentant divers pays.
Le Palais Chinois est un précieux spécimen de cette étape de l'architecture russe (représentée avec éclat par l'œuvre de Rastrelli) quand le baroque somptueux décoratif a commencé à céder la place au classicisme.
Le Palais Chinois est de dimensions plutôt modestes: à l'origine ce fut un bâtiment à un niveau, le premier étage de la façade sud fut ajouté au milieu du XIXe s. Le palais se dresse sur un soubassement de granit, nombre de pièces ont des portes vitrées donnant directement sur le parc.
L'enfilade des pièces d'apparat s'ouvre par *la Salle des Muses* qui est l'une des plus belles des intérieurs des palais de la Russie du XVIIIe s.

Le Palais Chinois. La Grande Salle.
Fragment du mur sud.

Six grandes portes vitrées unissent la salle à l'espace du parc. La salle est abondamment décorée de peintures et de moulures, le plafond et les murs s'harmonisent aux motifs du parquet en marqueterie. Ainsi le motif d'un vase avec des fleurs est repris dans le parquet et le plafond. On remarque ce vase moulé dans une niche ronde au-dessus de la porte menant dans le Salon Bleu. Torelli a représenté des muses sur les trumeaux de la salle. On reconnaît, sur le mur est, Uranie avec les étoiles au-dessus de la tête, qui préside à l'astronomie, Calliope, protectrice de l'éloquence et de la poésie épique (elle tient l'«Odyssée», l'«Iliade» et l'«Enéide»). Terpsichore tenant une lyre, la muse de la danse et du chant, est à gauche de la porte. Clio, patronne de l'histoire, et Euterpe, muse de la musique et de la poésie lyrique, sont sur le mur sud.

Près de l'entrée menant au Salon Bleu se trouvent: à la gauche Thalie tenant un masque, qui préside à la comédie, à droite Melpomène, tenant une couronne et une épée, muse de la tragédie. Sur les trumeaux du mur nord on voit: Polymnie qui préside aux hymnes en l'honneur des Dieux et Erato, muse de la poésie érotique.

Apollon, Dieu du jour et du soleil et protecteur des arts, est représenté au-dessus de la porte est. Près du mur est on peut admirer deux bustes de sculpteur italien du XVIIIe s.: Lucrèce (dame romaine qui outragée par Sextus, fils de Tarquin le Superbe, se tua de désespoir) et Cléopâtre, reine d'Egypte.

Le Salon Bleu joint les pièces d'apparat aux appartements privés du fils de Catherine II, le futur empereur Paul Ier. La plupart des éléments de l'aménagement d'origine du Salon Bleu ont été perdus, les toiles que l'on voit à présent sont des années 60 du XIXe s. Il ne reste du décor d'origine que le paysage italien (au-dessus de la porte donnant sur le Salon de Paul) du peintre vénitien Francesco Zuccarelli.

La Grande Salle est la plus vaste des pièces d'apparat du Palais Chinois. Elle est ovale, des colonnes à chapiteaux dorés encadrent les deux portes. Au-dessus de celles-ci des bas-reliefs de marbre sont encastrés dans des médaillons ovales. Ce sont des portraits de Pierre le Grand et de sa fille Elisabeth, œuvre de Marie-Anne Colot, élève d'Etienne-Maurice Falconet. Les tableaux sont du peintre vénitien Stefano Torelli: «L'enlèvement de Ganymède» (prince légendaire de Troie, fils de Tros. Fameux pour sa beauté il fut enlevé par Zeus qui avait pris la forme d'un aigle et, transporté dans l'Olympe, devenu éternel, Ganymède devait servir d'échanson aux Dieux) et «Junon et le Génie». Torelli glorifie en Junon, déesse latine des royaumes et des empires, la souveraine impériale du palais. La table au milieu de la salle est dressée pour une réception fastueuse. La richesse du service témoigne du haut niveau des arts appliqués russes du XVIIIe s.

La pièce voisine est *le Salon Lilas* de caractère intime et non plus d'apparat. Le thème de l'amour domine dans le décor.

Le plus intéressant peut-être des intérieurs du Palais Chinois est *le Cabinet de Strass*. Ses murs sont décorés de panneaux de strass. On y voit des bouquets de fleurs, des oiseaux exotiques, des arbres et diverses plantes. Tous les sujets sont brodés à la

Le Palais Chinois:
La Salle des Portraits.
Le Grand Cabinet Chinois.
Le Cabinet d'Or.
Le Salon de Paul Ier.

chenille de soie sur des toiles parées de strass. Les 12 panneaux du cabinet comptent plus de deux millions de très fins tubes de strass.
A la lumière le strass lance des éclats roses, bleus et lilas. Lors de la construction du palais le sol du Cabinet de Strass fut revêtu d'un parquet de mosaïque en smalt. L'art de sa fabrication est né en Orient, puis les traditions furent perdues et le grand encyclopédiste russe Mikhaïl Lomonossov fit renaître cette production en Russie. Il inventa ou redécouvrit le procédé de fabrication du smalt et fonda en 1754 à 24 kilomètres d'Oranienbaum, une fabrique de strass, de grains de verre et de smalt. C'est là furent fabriqués les smalts pour le Palais Chinois. Il est à regretter que la mosaïque de smalt du Cabinet de Strass ne se soit pas conservée. Elle fut remplacée en 1819 par une copie en bois.
Les deux tables ornées de mosaïques avec des plaquettes de plus de 90 couleurs et nuances sont des chefs-d'œuvre de la mosaïque russe du XVIIIe s.
Le Petit Cabinet Chinois fait pendant au Salon Bleu. Il joint les salles d'apparat à l'enfilade des appartements privés de Catherine II. Le cabinet est décoré de boiseries d'inspiration chinoise: le parquet est un des plus beaux du palais, la marqueterie comprend des pièces de bois de 15 essences. Le plafond est en forme de pyramide tronquée décorée aux angles de moulages représentant des êtres fabuleux rappelant des dragons. La salle conserve un grand nombre d'objets chinois et japonais dont des ouvrages en laques, en porcelaine ainsi que du mobilier et des émaux.
Le Grand Cabinet Chinois termine l'enfilade des pièces d'apparat. Sa décoration est l'expression de l'idée que les notables russes du XVIIIe s. se faisaient de l'Orient. On remarque aux murs de cette salle des imitations de tableaux chinois, des panneaux en bois représentant des Chinois, des Chinoises, des oiseaux fabuleux et des paysages exotiques. Les dessins sont linéaires comme le veut la tradition, et on remarque l'absence de clair-obscur. Bon nombre parmi des objets exposés sont des ouvrages originaux de maîtres chinois et japonais des XVIIIe-XIXe ss.
La Chambre à coucher Chinoise est elle aussi de style typique. Les miroirs ornant les murs et les plafonds sont un élément important du décor. Ils multiplient un reflet de l'aménagement de la pièce qui paraît ainsi plus vaste. La fabrication des grands miroirs n'a commencé en Russie que dans la seconde moitié du XVIIIe s. Ces motifs chinois ont été utilisés pour l'ornementation de la pièce. Des fragments seulement du décor d'origine se sont conservés.
La Salle de Toilette a beaucoup changé depuis la construction du Palais Chinois surtout après les remaniements partiels du milieu du XIXe s. Les boiseries de noyer furent alors transférées dans le Boudoir. Onze portraits de dames de la cour exécutés en 1757 par le peintre français Jean de Sampsoy sont l'élément principal du décor de cette pièce.
Les murs de *la Salle des Portraits* sont décorés de 22 portraits de Pietro Rotari (XVIIIe s.). Ce sont des jeunes filles qui ne sont pas de haut rang de diverses nationalités.
Le Cabinet d'Or contigu à la Salle des Portraits est la dernière pièce des appartements privés de Catherine II. Il doit son nom à l'élément principal de son décor où prédomine la dorure. Il y avait dans ce cabinet un bureau et une armoire de fabrication française du XVIIIe s., ainsi que des fauteuils réalisés par des artisans russes. Les vases, chandeliers et autres objets présentés ici sont de la même époque. C'était le cabinet de Catherine II, une petite bibliothèque personnelle de l'impératrice fut emmenée en 1792 à l'Ermitage.

L'Antichambre était au XVIIIe s. la principale entrée du palais du côté de la façade sud. Certains éléments du décor (les toiles «Diane et Actéon», sur le mur ouest, et «Paysage avec des ruines») sont d'un peintre anonyme du XIXe s. On peut voir dans l'Antichambre des tables ovales exécutées sans doute spécialement pour le Palais Chinois en 1760, ainsi que des meubles du XIXe s.: un ensemble pour salle à manger en bois sculpté, une chiffonnière incrustée de nacre, une horloge avec un étui de style chinois traditionnel. Les vases en porcelaine de Mayence sont du XVIIIe s., les candélabres du XIXe s.
Au *Vestiaire* les murs sont à lambris dont la composition et le style s'harmonisent aux moulurations au-dessus de la cheminée. *Le Salon* est une des pièces qui étaient réservées à l'héritier du trône. Il reste peu de choses du décor du XVIIIe s.: les moulurations du plafond et la peinture représentant Diane chasseresse.
La Chambre à coucher de Damas était celle du futur Paul Ier. La peinture du plafond souligne la destination de cette pièce: elle représente Uranie apprenant au jeune homme à régner et à vaincre. La muse tient une couronne et un sceptre sur ses genoux et dans la main une sculpture de Nika, déesse de la Victoire. Le portrait de Paul Ier est une copie d'un tableau de Torelli, celui de Catherine II est un original du même maître.
Le Petit Cabinet est contigu à la Chambre à coucher. Les murs sont ornés de peintures qui s'harmonisent aux plaquettes de marbre et de bois chinoises avec des figurines sculptées, des hiéroglyphes et des paysages.
L'enfilade des appartements privés de Paul se termine par *le Boudoir*. Cette pièce a été sensiblement modifiée après des travaux opérés dans le palais en 1850.

Le Palais Chinois. Le Petit Cabinet Chinois. Fragment du store.

Aux pages suivantes: La Salle des Muses et le Cabinet de Strass.

LA «MONTAGNETTE»

Le Pavillon de plaisance la «Montagnette» (Katalnaïa gorka) se trouve au nord-ouest du Palais Chinois. C'est tout ce qui reste d'un ensemble réalisé par Antonio Rinaldi en 1762-1774. La légèreté ajourée du bâtiment lui confère un aspect élégant et festif. Le soubassement porte deux niveaux entourés de balustrades. La coupole qui surmonte la partie centrale du bâtiment rappelle une cloche. L'édifice est abondamment décoré de colonnes, de pilastres et de vases. Il faisait partie d'un ensemble d'agrément qui est entré dans l'histoire sous ce nom de la «Montagnette». Des montées et descentes en bois touchaient à la terrasse de la façade sud du pavillon. L'aménagement s'étirait sur 530 mètres le long d'une large et longue prairie. On descendait dans des voitures munies de 12 roulettes métalliques engagées dans les rainures. Des colonnades longeaient les montées et descentes. On pouvait se promener sur les toits plats de ces colonnades décorées de vases et de sculptures.
Avec le temps, vu l'état de vétusté de l'ensemble, on a dû mettre fin à ces distractions. En 1813 une partie des structures s'effondra. En 1858-1861 l'aménagement et les colonnades furent démontés, et il ne reste aujourd'hui que l'élégant pavillon qui ferme la perspective de la prairie.
L'ensemble architectural et paysager d'Oranienbaum-Lomonossov s'est trouvé hors de la zone d'occupation ennemie pendant la dernière guerre, aussi s'est-il conservé mieux que les autres ensembles de la banlieue de Saint-Pétersbourg, ce qui confère à ses curiosités une valeur historique documentaire particulière.

POUCHKINE

Tsarskoïé Sélo, monument de la culture russe est un ensemble prestigieux de palais et de parcs créés par de grands architectes russes et ouest-européens des XVIIIe-XIXe ss. La ville porte depuis 1937 le nom du grand poète Alexandre Pouchkine (1799-1837). Tout ici rappelle la poésie de Pouchkine: le Lycée dont il fut interne pendant six ans, les allées ombreuses du Parc Catherine. C'est là que s'éveilla la vocation poétique, c'est là qu'il créa ses premières œuvres.
Après les années d'études au lycée, les périodes d'exil, Pouchkine vint, au printemps 1831, s'installer avec sa femme, la belle Nathalie, à Tsarskoïé Sélo, il y passa l'été dans une maison qui s'est conservée jusqu'à nos jours (rue Pouchkinskaïa, numéro 2).
La ville de Pouchkine est située à 24 kilomètres au sud de Saint-Pétersbourg.
L'histoire de la ville (comme celle de Peterhof) remonte à l'époque où les terres sur lesquelles elle s'étend appartinrent à la république de Novgorod, puis à la Russie, puis furent prises par les Suédois en 1617.
Après que les troupes de Pierre Ier eurent restitué à la Russie les terres de la région de la Néva et de la côte sud du golfe de Finlande, pendant la Guerre du Nord, le district de l'actuelle ville de Pouchkine fut également soustrait à la domination suédoise. L'endroit figurait alors sur les cartes suédoises sous le nom de «Saari moïs», ce qui signifie « lieu élevé, plateau». Ce nom fut altéré à la russe pour devenir «Saarskaïa myza», c'est-à-dire la «ferme de Saari».
En 1710 Saarskaïa myza devint par la volonté du tsar propriété de la femme de Pierre, la future impératrice Catherine Ire dont le nom fut attribué au palais mis alors en chantier. L'architecte Johann Friedrich Braunstein éleva en 1718-1724, à l'emplacement de la myza, un petit palais avec des dépendances.
Le bourg autour du domaine fut appelé Saarskoïé Sélo, ce nom fut rapidement et naturellement altéré en Tsarskoïé Sélo.
Après la sombre période du règne de la tsarine Anna Ivanovna qui laissa gouverner son favori Byron et d'autres personnages allemands, on vit s'affirmer à la cour d'Elisabeth Pétrovna, fille de Pierre Ier, la tendance à promouvoir l'architecture nationale russe. Sous le règne d'Elisabeth (1741-1761) le palais fut à plusieurs reprises remanié par de grands architectes russes dont Alexéi Kvassov et Savva Tchevakinski.
En 1752 la reconstruction du Palais Catherine fut confiée à l'un des plus grands architectes du XVIIIe s., Francesco Bartoloméo Rastrelli (1700-1771), maître prestigieux du baroque.

Le Palais Catherine. Fragment de la façade d'apparat.

Le Portail ajouré de la Cour d'honneur.
Fragment du Portail.

Rastrelli étudia ce qui avait été fait avant lui à Tsarskoïé Sélo et décida de conférer une unité aux différentes parties de l'édifice.
Le palais a été rehaussé, les façades principales se sont étirées sur plus de 300 mètres, un grand nombre de colonnes, de statues, de moulurations ont décoré les murs bleu clair des façades. La Cour d'honneur devant le palais de Rastrelli s'est ornée d'un portail ajouré en fer forgé doré.
La place en hémicycle bordée par d'élégantes ailes incurvées devant le palais était le lieu de défilés des troupes aux grandes occasions, ainsi que des promenades nocturnes des personnalités de Tsarskoïé Sélo. Un orchestre militaire y donnait des concerts.
Les invités qui arrivaient au palais longeaient d'abord l'impressionnante façade du palais. Puis, y ayant pénétré, ils gravissaient l'Escalier d'honneur et une somptueuse enfilade de salles s'ouvrait devant eux. Le palais était luxueusement décoré tant à l'intérieur qu'à l'extérieur. On utilisa 105,242 kilos d'or pour dorer les statues et les autres éléments décoratifs.
Le Cabinet d'Ambre était l'un des trésors du palais. La décoration fut exécutée en 1709 par Andreas Schlüter pour orner le cabinet de travail de Frédéric Guillaume Ier. En 1716 Pierre le Grand échangea les panneaux d'ambre contre 248 soldats de haute taille pour la garde du roi. Il ajouta un tour et une coupe de sa propre confection. Les panneaux d'ambre furent acheminés à Saint-Pétersbourg avec d'extrêmes précautions et, de là, sur ordre de la tsarine Elisabeth, des soldats les portèrent à Tsarskoïé Sélo. Rastrelli aménagea le Cabinet d'Ambre en 1755.
Les panneaux d'ambre s'avérèrent insuffisants pour recouvrir entièrement le cabinet aussi Rastrelli y encastra-t-il des miroirs et il plaça une excellente imitation d'ambre dans la partie supérieure. Le Cabinet d'Ambre fut volé en 1942 par les hitlériens et, en dépit de toutes les recherches entreprises, il reste à ce jour introuvable.

Sous Catherine II (1762-1796), le palais connut de grands remaniements et rénovations.
La dorure des décors et des statues (elles étaient en bois) s'étant détériorée, la tsarine ordonna de ne pas dorer mais de couvrir les moulures de peintures et d'enlever les statues en bois dont la dorure ne tenait plus. Les bâtiments latéraux furent surélevés, des rampes d'accès ajoutées, le palais prit l'aspect qu'on lui connaît aujourd'hui.
Au nord-ouest du palais on trace le Nouveau Jardin (aujourd'hui Parc Alexandre) et côté sud-est le Vieux Jardin vient toucher à la façade du palais, on l'appelle le Parc Catherine.
La seconde moitié du XVIIIe s. est marquée par l'affirmation des traditions du classicisme en Russie. Une pléiade d'architectes travailla dans ce style à Tsarskoïé Sélo en 1760-1790 dont Charles Caméron, Giacomo Quarenghi, Vassili et Ilya Néelov, Yuri Felten, Antonio Rinaldi, Vassili Stassov pour ne citer que ceux-ci.
C'est à cette époque que furent créés le Palais Alexandre, la Galerie de Cameron, la Salle de Concert, les Bains d'en haut et les Bains d'en bas, le bâtiment qui abrita le Lycée et d'autres monuments d'architecture.
La ville de Pouchkine a beaucoup souffert pendant la dernière guerre. Des trésors inestimables du génie humain ont péri dans les flammes, un grand nombre d'œuvres d'art furent sauvagement détruites ou volées, des arbres séculaires furent abattus dans les parcs, les occupants firent sauter les pavillons, les statues...
Dès après la libération, le 24 janvier 1944, de scrupuleux travaux de restauration furent entrepris pour restituer toutes les splendeurs de Tsarskoïé Sélo.

La Chapelle palatine.

Fragment de la grille de la Cour d'honneur.

Le Palais Catherine:
L'Escalier d'honneur.
La Salle à manger des Chevaliers.

LE PALAIS CATHERINE

Le Palais Catherine a retrouvé cet air de fête que lui confère sa façade où s'allient trois couleurs: murs bleus, colonnes blanches, chapiteaux vert foncé.
L'Escalier d'honneur (l'architecte Hippolyte Monighetti) est de style baroque, mais il date de 1860.
Il occupe tout l'espace entre les façades ouest et est au centre du pavillon central. Les marches de marbre blanc, les plats et vases décoratifs en porcelaine chinoise et japonaise soulignent la destination d'apparat de l'intérieur. Au plafond on admire des œuvres de peintres italiens des XVIIe-XVIIIe ss. dont un «Jugement de Pâris» au centre.
La première salle de l'aile sud du palais est *la Salle à manger des Chevaliers* construite sur un projet de Rastrelli. Elle a brûlé pendant la guerre et a été restaurée dans l'après-guerre. La salle est ornée de sculptures, de guirlandes et de coquillages dont la dorure se reflète dans les miroirs qui semblent aussi les multiplier.
Dans un coin on peut voir un poêle à carreaux de faïence décoré de niches et de colonnes, caractéristique des intérieurs de Rastrelli. Le plafond mouluré est décoré d'une toile d'un peintre anonyme du XVIIIe s.
Elle représente Hélios sur son char. Les fauteuils dorés furent eux aussi exécutés d'après des dessins de Rastrelli. Un service appelé «La Chasse» fabriqué en 1760 à la manufacture de porcelaine de Saint-Pétersbourg est présenté sur une table ouvragée près des fenêtres.

De la Salle à manger des Chevaliers une haute porte en arc mène dans *la Grande Salle* du palais appelée encore *Salle du Trône* (846 mètres carrés). Elle incarne l'impétueuse générosité du génie de Rastrelli, c'est un exemple éclatant du style baroque. La salle paraissait sans limites avec ses deux étages de fenêtres: l'illusion était créée par d'immenses miroirs entre les fenêtres. Les portes et les encadrements des miroirs de la Salle du Trône sont décorés de guirlandes faites de coquillages, de silhouettes féminines, d'amours étincelant d'une abondante dorure.
De l'autre côté de l'Escalier d'honneur se trouve la *Salle des Tableaux*. Des 130 toiles, 114 les plus précieuses, furent évacuées et se sont donc conservées. C'est l'une des salles les plus élégantes du palais, elle occupe toute la largeur du bâtiment. Les tableaux tapissent littéralement ses murs. La plupart des tableaux des peintres hollandais, flamands, français, italiens du XVIIe et du début du XVIIIe ss. furent acquis en 1745. L'aménagement de la Salle des Tableaux est admirable: les deux rangées de fenêtres de chaque côté l'inondent de la lumière, les portes dorées décorées de figures féminines étincellent, le parquet de bois clair a un dessin raffiné.

Le Palais Catherine. La Grande Salle.
Architecte Francesco Bartoloméo Rastrelli. 1750.
Fragment de la Salle.

Le Palais Catherine:
Le Cabinet d'Apparat d'Alexandre Ier.
La Salle à manger Verte. Architecte Charles Cameron. 1780.

Le Cabinet d'Apparat d'Alexandre Ier dont les fenêtres donnent sur le parc mérite attention. On y remarque une magnifique cheminée de marbre ornée de colonnes ioniques. Les murs sont décorés de compositions avec des trophées d'armes. Sous les voûtes du plafond, on voit des scènes de la légende d'Amour et de Psyché. Quelques objets sont d'époque. Ils furent évacués pendant la guerre et ont retrouvé leur place: un lustre de bronze ajouré fabriqué à Saint-Pétersbourg dans le premier quart du XIXe s.; un vase de la manufacture de porcelaine de Saint-Pétersbourg (1818) représentant l'entrée d'Alexandre Ier en 1814 à Saint-Denis, aux portes de Paris; une pendule, des candélabres et des bibelots en malachite et en bronze. Les autres objets (bureau recouvert de drap vert, meubles en noyer) ont été recréés après la guerre à partir de documents d'archives et d'une aquarelle ancienne fixant l'aspect du Cabinet d'Apparat.

Cette pièce communique avec *la Pièce Voûtée* et *l'Antichambre Ovale* où dominent les tons verts.

Plusieurs salles ont été décorées par Charles Cameron, notamment *la Salle à manger Verte*. Les thèmes antiques dominent. Les murs vert clair sont décorés de moulures: guirlandes, personnages, vases, médaillons rectangulaires avec des compositions sur des sujets mythologiques sur fond rose. Cette pièce a été presque totalement restituée dans son aspect d'avant la guerre. Les chaises blanches, tapissées de tissu vert, ainsi que la garniture de cheminée en bronze ont été réalisées d'après des dessins de Cameron.

Le Palais Catherine. Le Salon Bleu.
Architecte Charles Cameron. 1780.
Le plafond du Salon.

Le Salon Bleu créé d'après un projet de Charles Cameron est l'une des salles les plus élégantes du palais. L'architecte a eu largement recours à la sculpture sur bois, aux moulures, dorures, miroirs, soie décorative, marbre, marqueterie de bois. L'effet est sublime.
Le parquet est très beau. De nombreux éléments de la décoration sont d'époque, tels des torchères de verre bleu et de cristal et les statuettes en biscuit fabriquées à Saint-Pétersbourg à la fin du XVIIIe s., ou les fauteuils sculptés et dorés et la garniture de cheminée en bronze. Mais la soie imprimée de fleurs bleues qui tapisse les murs a été refaite d'après des modèles anciens dans une fabrique moscovite. Le plafond a été reconstitué d'après un dessin de Cameron.
Les pièces élégantes que sont *le Cabinet de Sculpture* et *le Cabinet de Peinture* permettent d'apprécier l'art de combiner la sculpture, la peinture et la moulure. Les cabinets ont été restaurés tels que les avait conçus l'architecte Vassili Stassov.
La pièce suivante est *la Chambre à coucher d'Apparat* décorée par Cameron. Les tons sont bleu et vert pastels. Elle comporte un grand nombre de gracieuses colonnettes de faïence. La petite table de marqueterie a été confectionnée par les artisans d'Okhta, faubourg de Saint-Pétersbourg.

Le Palais Catherine:
L'enfilade des pièces d'apparat.
Le Salon Chinois Bleu.
La Chambre à coucher d'Apparat. La cheminée.

En suivant l'enfilade des salles du palais on arrive au *Salon Chinois Bleu*. Pendant 150 ans ses murs ont été tapissés de soie chinoise bleue portant des dessins à l'encre de Chine représentant des paysages et scènes de genre sur des motifs de la vie chinoise. L'aménagement de la pièce est complété par les tableaux représentant la tsarine Elisabeth Pétrovna dans sa jeunesse sous les traits de Flore, déesse qui préside à tout ce qui fleurit (par Georg Christoph Grooth) et une gouache de Sémion Chtchedrine représentant les chutes d'Imatra en Finlande.
L'Entrée des Tribunes est une pièce tapissée de soie ornée de faisans et de cygnes. Cette tenture a été exécutée par des tisserands serfs russes sur des métiers à main dans la seconde moitié du XVIIIe s., les tons clairs et solennels de la soie confèrent à cette pièce modeste un air de fête.
Cette pièce précède les tribunes de la Chapelle palatine. La tsarine y prenait place pendant un service divin. Des marches étroites permettent de descendre dans la chapelle.
Le Vestibule de la Chapelle fut créé en 1843 d'après des plans de Vassili Stassov, à l'emplacement des locaux d'habitation.

LE LYCEE

En 1789-1791, alors que s'achevait la construction de la Galerie de Cameron près de l'aile sud du Palais Catherine, l'architecte Ilya Néelov adjoignit un bâtiment de trois étages indépendant à la partie nord-est du palais. D'architecture sobre il faisait contraste avec les fastueuses décorations du palais auquel il était réuni par un arc monumental. Le bâtiment était destiné à l'origine aux enfants de Paul, fils de Catherine II. La tsarine n'aimait pas les escaliers. C'est pour lui éviter de les emprunter que cet arc qui existe toujours fut construit par Ilya Néelov.

Le Vestibule.
La Salle de Physique.
La Salle des Fêtes.

Paul Ier ne régna pas longtemps et mourut assassiné. Son fils, et petit-fils de Catherine II, Alexandre Ier monta sur le trône. Le 11 janvier 1811, il fonda **le Lycée** auquel ce bâtiment fut affecté. Des remaniements importants furent opérés sous la direction de Stassov et à l'automne de la même année les noms des trente garçons furent portés sur la liste des lycéens.

Cet établissement était destiné à des fils de familles nobles. La famille Pouchkine appartenait à ces lignées anciennes.

Au rez-de-chaussée du Lycée se trouvaient les locaux de service et les appartements des précepteurs; au premier, la salle à manger et le buffet, l'infirmerie et la pharmacie, la petite salle de conférence et les bureaux directoriaux; au second, les classes et la Salle des Fêtes. Les dortoirs étaient au troisième étage. La bibliothèque, installée dans l'arc, consistait en partie de livres ayant appartenu à Catherine II et Alexandre Ier.

Les premiers élèves admis étaient des garçons de 11 à 14 ans. Ils furent internes pendant 6 ans et ne quittèrent pas le Lycée même pour les vacances.

L'entrée du Lycée se trouve dans la ruelle appelée Lytséïski. L'escalier d'apparat est éclairé par des appliques réalisées d'après les lampes à l'huile qui s'y trouvaient à l'époque de Pouchkine. De nos jours le rez-de-chaussée est occupé par des locaux annexes du musée, et les fonds se trouvent au premier. On a recréé au deuxième et au troisième étages l'atmosphère qui fut celle du Lycée du temps de Pouchkine.

Le Vestibule dont les fenêtres donnent sur le jardin du Lycée est au deuxième étage. Une porte mène à la salle où les lycéens lisaient journaux et revues. Le Lycée recevait huit journaux et revues paraissant à l'étranger et sept, imprimés en Russie. Pendant la guerre de 1812, les lycéens y restèrent longuement pour suivre les événements.

L'arc mène à *la Salle des Fêtes* (Aktovy zal), la plus vaste du Lycée. Les murs sont peints en imitation de marbre rose. Cette décoration est enrichie par des peintures sur le mur opposé à l'entrée et par des miroirs entre les fenêtres. C'est ici qu'eut lieu l'inauguration solennelle du Lycée le 19 octobre 1811. C'est ici que le 8 janvier 1815, à un examen Pouchkine récita en présence du grand poète Gavriil Derjavine son poème «Souveniers de Tsarskoïé Sélo» qui lui valut la renommée, c'est encore ici qu'eut lieu la fête de promotion le 9 juin 1817.

Les salles de classe font suite à la Salle des Fêtes. L'aspect de l'époque a été fidèlement restitué. *La Salle de Physique* est plus grande que les autres. Elle est très claire avec ses six fenêtres. Le plafond est peint, on y voit tous les signes de Zodiaque. Les pupitres sont disposés en amphithéâtre, le bureau du professeur sur une estrade.

Le Lycée. La «cellule» numéro 14 (dortoir d'Alexandre Pouchkine). La Statue de Pouchkine, par R. Bach.

Un coin du Parc Catherine.

Le troisième étage a été reconstitué tel qu'il était au temps de Pouchkine. De part et d'autre d'un long couloir qui suit tout l'étage se trouvent les petites chambres des lycéens. On dirait d'étroites cabines séparées par des cloisons n'allant pas jusqu'au plafond.
Ces cloisons partagent la fenêtre en deux si bien que dans une «cellule» (comme l'appelait Pouchkine) il y avait une moitié de fenêtre qui s'ouvrait facilement.
Dans *la «cellule» numéro 14*, la chambre à coucher de Pouchkine, le mobilier est succinct: un lit étroit, une commode, une petite table de toilette, un pupitre... L'impression du contact direct avec la jeunesse fervente du grand poète est saisissante.
Dans le jardin du Lycée on voit *la statue de Pouchkine* (sculpteur R. Bach) érigée en 1899 pour le centenaire de la naissance du poète, grâce à des fonds collectés par la population de Tsarskoïé Sélo et inaugurée en 1900. Le poète est représenté en uniforme de lycéen assis sur un banc dans une attitude méditative. Il semble plongé dans le monde des pensées et des sons poétiques...
A côté, on voit l'église Notre-Dame-du-Signe construite en 1734-1747 (par Carl Blank). C'est le plus ancien des monuments de Tsarskoïé Sélo.
En face du Lycée bruissent les arbres du Parc Catherine. Ses paysages sont variés et pittoresques: les bosquets, les étangs, les pelouses alternent avec des rangées d'allées larges et droites, des buissons taillés. Le choix subtil des arbres, les parterres et les sculptures, l'abondance d'espaces dégagés et de petits ponts, tout est incomparable et s'harmonise avec les palais et pavillons, créant un ensemble unique que l'on ne se lasse pas de contempler.

LES BAINS D'EN HAUT

Au sud-est du centre de la façade des jardins du Palais Catherine se trouve la partie régulière du parc créée dans les traditions du jardin français. C'est là que se trouve un pavillon portant le nom de Bains d'en haut. Construit par l'architecte Ilya Néelov en 1777-1779, il était réservé à la famille impériale. La décoration extérieure est relativement sobre mais l'intérieur était très élégant. Outre les locaux utilitaires (bassin et salle de bain) il y avait là une salle de repos à motifs décoratifs. La décoration intérieure avait été inspirée par le relevé des fresques de la Maison Dorée de l'empereur Néron fait lors de fouilles à Rome en 1776.

Le plafond et les deux panneaux au-dessus des portes ont pour thème le mythe de Phaéton, fils d'Hélios, Dieu du Soleil. Hormis les tableaux sur des sujets mythologiques on remarque une peinture décorative, notamment une toilette de Vénus, et des guirlandes de fleurs et de fruits.

La façade des Bains d'en haut regarde un lac. L'allée qui passe est ornée de statues de marbre, de personnages mythologiques exécutés par des sculpteurs italiens du début du XVIIIe siècle: une amazone tenant un bouclier sur lequel est figuré le combat d'un aigle et d'un lion. Hercule en face de l'amazone, est une représentation allégorique de Pierre le Grand. L'une des plus belles statues est celle de Galatée. Le sculpteur P. Baratta l'a représentée sur le dos d'un dauphin.

LA GALERIE DE CAMERON

Du côté du Grand lac on aperçoit la colonnade de la fameuse Galerie de Cameron. C'est une longue salle vitrée entourée d'une galerie couverte formée par des rangées de colonnes ioniques. Des bustes en bronze sont placés par deux rangées entre les colonnes (des copies antiques pour la plupart). A ces orateurs sages, hommes politiques, grands capitaines d'autrefois s'ajoute un portrait sculpté de l'encyclopédiste russe Mikhaïl Lomonossov fait d'après un modèle de son ami, le sculpteur Fédot Choubine. La Galerie de Cameron s'ouvre du côté de la Grotte par un large Escalier d'honneur divergeant. Il est orné de statues de Flore et d'Héraclès Farnèse (l'original de Lysippe, du IVe s. av.n.è., ne s'est pas conservé, une copie romaine se trouvait dans les collections de la famille Farnèse, d'où le nom de la statue). Les modèles de ces statues furent moulés en 1786 d'après des antiques par le sculpteur Fédor Gordéev. Héraclès et Flore furent emmenés par les hitlériens durant l'occupation. Les statues furent découvertes dans la cour d'une fonderie de cuivre de Halle parmi des débris sur le point d'être refondues. Elles furent rendues à la ville de Pouchkine en 1947 et replacées, après restauration, sur leurs piédestaux près de la Galerie de Cameron.

La Pente.
Le Pavillion «Les Chambres d'Agate».
L'intérieur.

Après la Galerie de Cameron, nous arrivons au **Jardin Suspendu** aménagé sur une plate-forme soutenue par de massives colonnes de pierre.
La plate-forme est recouverte de feuilles de plomb portant une couche de terre suffisante pour faire pousser des fleurs, des buissons et même des arbres.
L'une des façades des **Chambres d'Agate** donne sur le Jardin Suspendu. Ce pavillon doit son nom à sa décoration intérieure toute en agate. L'entrée est une rotonde à coupole aplatie. Des niches abritent des sculptures, allégories de l'Eau, de l'Air, de la Terre et du Feu.
Le pavillon est à deux niveaux. Le rez-de-chaussée était aménagé pour des bains dans un bassin. Le premier étage plus luxueux est décoré de peintures de grande valeur, de moulures et d'éléments en bronze.
Les Chambres d'Agate n'ont pas été épargnées pendant l'occupation, elles ont été transformées en écuries. L'agate, le jaspe et le bronze furent emportés par les hitlériens.

Une **Pente** douce mène du Jardin Suspendu au parc. Cette rampe d'accès est posée sur des arcs en pierre poreuse bossagée. Elle fait partie de l'ensemble architectural conçu par Cameron. Les arcs sont décorés de masques représentant des Dieux et héros mythologiques. Les vases décoratifs sont en forme d'autels, Catherine II qui n'aimait pas les escaliers eut l'idée de cette rampe d'accès. Au nord de la pente douce (à l'ouest du palais) on trouve un charmant coin de verdure qui au XIXe s. était réservé à la famille impériale et s'appelait le **Jardinet Personnel** (Sobstvenny sadik). Ce fut dans la seconde moitié du XVIIIe s. un lieu de détente aimé de Catherine II. Le premier obélisque (Kagoulski), de très belles proportions (par Antonio Rinaldi), y fut placé en commémoration des victoires remportées par la Russie dans la guerre de 1768-1774 contre la Turquie. A la fin du XVIIIe s. l'endroit était un pré, au milieu du XIXe s. des allées furent tracées ainsi que des parterres de fleurs, on planta des buissons et on aménagea une fontaine de marbre et la pergola qui existe encore.

Le Pavillon «Les Chambres d'Agate».
L'escalier.

A travers le feuillage des arbres, au nord-ouest du Jardinet Personnel on aperçoit un bâtiment jaune et blanc appelé **la Salle des Soirées**. Ce pavillon de lignes sobres élevé à la limite des XVIIIe-XIXe ss. par l'architecte Piotr Néelov est dans les meilleures traditions du classicisme russe. Il est orné de pilastres ioniques qui marquent l'entrée de la salle, les fenêtres sont décorées de cariatides. La salle était prévue pour des bals avec des invités très sélects. De nos jours on y organise des expositions.

Une allée continuant la pente douce conduit vers **la Terrasse de Granit**. Elle domine le paysage environnant, on découvre de là une très belle vue sur le Grand lac. Cette partie du Parc Catherine a été paysagée à l'anglaise.
La terrasse en granit rose et gris fut aménagée en 1808-1810 par l'architecte Luigi Rusca. 50 ans plus tard, elle fut décorée de statues, copies d'antiques. Au centre de la placette devant la terrasse se dresse un Apollon du Belvédère. Un sentier conduit de la Terrasse de Granit au Grand lac.
Au centre de ce grand plan d'eau sur un îlot artificiel se dresse à demi-cachée par les arbres **la Salle de Concert**. Créée au milieu du XVIIIe s. d'après un projet de Rastrelli, la salle fut à plusieurs reprises remaniée (avec la participation de Giacomo Quarenghi et de Vassili Stassov). Un orchestre prenait place dans cette salle.
Les musiciens jouaient de cors, chacun ne donnant qu'une seule note, mais offraient de merveilleux concerts. Leur musique retentissait au-dessus de l'eau, charmant l'oreille des courtisans qui se promenaient en bateaux. Derrière ce pavillon, sur une petite île artificielle ayant la forme d'une pyramide tronquée, s'élève **la Colonne de Cesmé** (ou Tchesmé) qui commémore la défaite de la flotte turque le 26 juin 1770 dans la baie de Cesmé, en mer Egée.
Cette colonne de 25 mètres fut érigée en 1771-1778 d'après un projet d'Antonio Rinaldi en marbre et granit de couleurs différentes. Le fût de la colonne est décoré de rostres. Au sommet on aperçoit un aigle en bronze, symbole de la Russie.
Au bord du Grand lac au pied de la Terrasse de Granit se trouve un quai miniature orné de deux copies en bronze antiques. A côté, dans la verdure de l'allée bordière, les arbres et les buissons s'écartent, formant une charmante petite place au centre de laquelle on découvre l'ornement le plus célèbre sans doute du Parc Catherine, *la fontaine «La Laitière à la cruche cassée»* qui a inspiré Pouchkine. Une jeune fille est assise toute triste sur un rocher, tenant le tesson d'une cruche brisée, qui est à ses pieds. L'eau de l'unique source du parc s'écoule du goulot ébréché de la cruche de bronze dans un minuscule bassin creusé dans le granit.
Cette fontaine fut créée en 1816 par le sculpteur Pavel Sokolov qui a réalisé là une composition lyrique emplie d'une tristesse profonde.
Près de cette fontaine, dans la partie sud-ouest du Grand lac on voit **le Pont de Marbre**, bleu et blanc. Il enjambe un détroit qui relie le Grand lac à un groupe de petits plans d'eau.
Ce pont fut construit par l'architecte Vassili Néelov en 1770-1776. Il rapelle une œuvre de l'architecte italien Andrea Palladio (1508-1580), précurseur du classicisme. La galerie de marbre bleu et blanc est d'une stricte perfection. Elle est décorée de colonnes ioniques et d'une gracieuse balustrade de marbre.
Après le pont se trouve un curieux édifice. C'est une **Pyramide** de granit, une tonnelle originale construite par Charles Cameron en 1781.
A côté, près du Grand lac, sur une presqu'île s'élève un pavillon original construit d'après les plans d'Hippolyte Monighetti en 1852. Ce sont **les Bains turcs** aménagés sur ordre de Nicolas Ier en commémoration de la guerre russo-turque de 1828-1829. Ce bâtiment à vocation utilitaire fait penser à une mosquée turque.
Les moulures près des portes et sur la coupole sont la reproduction exacte d'esquisses réalisées par Monighetti en Turquie. L'intérieur du pavillon était de style mauresque. Très endommagé pendant la guerre, le pavillon a été restauré extérieurement mais les travaux à l'intérieur sont encore loin d'être terminés.

L'Ermitage se trouve dans l'axe du palais. Sa couleur est en harmonie avec celle du Palais Catherine. Cette œuvre remarquable de l'architecture russe fut créée en 1744-1756 avec la participation de Mikhaïl Zemtsov, Alexéi Kvassov, Savva Tchévakinski et l'incomparable Bartoloméo Rastrelli. Le bleu des murs alterne avec le blanc des 64 colonnes qui font le tour du bâtiment. La façade de l'Ermitage est ornée de guirlandes, de masques et de coquillages. Sous le règne d'Elisabeth, fille de Pierre le Grand, l'Ermitage était encore plus beau, il était entouré d'un canal qu'enjambaient des ponts-levis. En 1750 l'espace entre les bords du canal et les murs du pavillon fut recouvert de dalles de marbre blanc et bleu en damier, qu'une élégante balustrade sépara du bord du canal recouvert de pierre. La balustrade était ornée de sculptures en bois doré. Le toit de l'Ermitage était lui aussi abondamment décoré.

A l'intérieur de l'Ermitage il y avait une grande salle et quatre galeries qui se terminaient par de petits cabinets. Le premier étage du pavillon était somptueux, c'était la Salle de Réception. Comme à Peterhof, elle était aménagée pour des repas en l'absence des domestiques. Il n'y avait pas d'escalier, les invités montaient dans des fauteuils spéciaux, des monte-charges permettaient d'amener cinq tables de sous le parquet. Les monte-charges comportaient des ardoises sur lesquelles on écrivait, à l'intention des domestiques en bas, le nom des plats désirés qui étaient d'un raffinement subtil. Et lorsque les invités voulaient danser, les tables redescendaient et le parquet se refermait, la salle à manger se transformait en salle de bal. Le pavillon de l'Ermitage que nous connaissons est d'aspect plus modeste: dès la fin du XVIIIe s., Catherine II fit combler le canal, retirer de nombreuses sculptures de la façade et du toit du pavillon.

A signaler que la cuisine de l'Ermitage se trouvait à quelques dizaines de mètres à l'est du pavillon: c'est un bâtiment en briques à un niveau d'aspect vaguement médiéval. Au centre de cette cuisine de l'Ermitage, l'arc orné d'une tourelle faisait office d'entrée du Parc Catherine.

De la cuisine de l'Ermitage, passé celui-ci, une allée conduit au Grand lac. Il couvre près de 16 hectares, sa profondeur atteint 2,5 mètres. Ce plan d'eau fut créé dès l'apparition en ces lieux d'une résidence impériale. Ses contours furent modifiés dans les années 1770 et le Grand lac devint ainsi le centre du Parc Catherine, faisant le lien entre les jardins à la française et les sites paysagers.

Au bord du Grand lac on aperçoit un bâtiment en brique rouge de style gothique avec des tours dentelées et des fenêtres en ogives, et, à côté, deux constructions latérales de même style. L'ensemble fut édifié en 1773-1777 d'après un projet de Vassili Néelov. Sa vocation n'était pas purement décorative, il avait un usage utilitaire. Le rez-de-chaussée du corps central abritait des embarcations. La collection comptait des canoës aléoutiens revêtus de peau de phoque, un petit bateau indien, un kayak turc, une gondole vénitienne, le bateau de Paul Ier amené de Pavlovsk, ainsi que d'autres embarcations à rames et à voile. Ce bâtiment a reçu le nom de **l'Amirauté**. La spacieuse salle à l'étage supérieur avait les murs recouverts de carreaux de faïence et le plafond était orné de moulures.

Les ailes latérales de l'Amirauté de Tsarskoïé Sélo abritaient des paons, des faisans, des cygnes noirs et blancs, certains locaux étaient réservés aux matelots et aux préposés à l'entretien des oiseaux. De l'Amirauté une allée longeant le lac conduit à un pavillon appelé la Grotte.

La Grotte fut construite en 1753-1757 d'après un projet de Francesco Bartoloméo Rastrelli. Le pavillon fut à l'origine orné de coquillages marins multicolores. Une élégante balustrade courait autour du toit. Mais avec le temps les goûts changèrent.

La Colonne de Cesmé. Projet d'Antonio Rinaldi. 1771-1778.

Aux pages suivantes:
Le Pont de Marbre et la Salle de Concert.

Catherine II ordonna de modifier l'intérieur de la Grotte dans le style classique. La balustrade fut retirée, le coquillage enlevé et Antonio Rinaldi décora la Grotte à l'intérieur de moulures de style classique qui se sont conservées jusqu'à nos jours.

Au nord du Palais Catherine s'étend **le Parc Alexandre**. Parmi les bâtiments qui se sont conservés le plus intéressant est le Palais Alexandre, un joyau construit par Giacomo Quarenghi en 1792-1796 sur l'ordre de Catherine II pour son petit-fils préféré, le futur Alexandre Ier.

Le Palais Alexandre.
La Fontaine «La Laitière à la cruche cassée», par Pavel Sokolov. 1816.

Le Palais Alexandre est une œuvre remarquable du classicisme russe. Autant le Palais Catherine dit la primauté du baroque dans l'architecture russe du milieu du XVIIIe siècle, autant le Palais Alexandre exprime celle du classicisme à la fin de ce même siècle.
Sobre, un peu sévère, il présente une façade sans couleurs vives ni moulurations. Le bâtiment central est flanqué de deux ailes latérales en retour d'équerre que relie une magnifique colonnade corinthienne radieuse de blancheur. Le jaune et le blanc dominent.
Deux statues de bronze représentant de jeunes gens jouant à des jeux populaires russes en vogue à l'époque, furent placées devant la partie centrale de la colonnade à la fin des années 30 du XIXe s. Ces sculptures dynamiques sont du plus bel effet sur le fond de la colonnade blanche.

La Porte Egyptienne. Architecte Adam Menelaws. 1830.

Alexandre Ier ne vécut pas longtemps dans ce palais, préférant ses appartements du Palais Catherine. Nicolas Ier, lui se plut à vivre au Palais Alexandre lors de ses séjours d'été à Tsarskoïé Sélo. Alexandre II ne l'aimait pas, il privilégiait le Palais Catherine. Alors qu'il était héritier du trône le futur Alexandre III vécut quelque temps au Palais Alexandre, son fils Nicolas II préféra Peterhof au début de son règne, mais dut vivre, sans le quitter, au Palais Alexandre après la révolution de 1905-1907. Le Palais Alexandre (comme beaucoup d'autres palais de Tsarskoïé Sélo) était empli d'un très grand nombre de courtisans. Sous Nicolas II la cour de la maison des Romanov comptait quelque 1 680 personnes. La famille impériale se trouvait au Palais Alexandre lors de la révolution de février 1917 qui renversa le tsar. C'est là qu'on amena le monarque déchu arrêté. Peu après sur ordre du gouvernement provisoire Nicolas Romanov fut emmené avec sa famille de Tsarskoïé Sélo et expédié à Tobolsk, en Sibérie. L'intérieur du Palais Alexandre fut aménagé d'après des projets de Giacomo Quarenghi. Mais cette décoration a disparu: sur ordre de Nicolas II elle a été remplacée dans presque toutes les pièces. Tout choix est forcément arbitraire. Il n'a été présenté ici que les monuments les plus remarquables de Tsarskoïé Sélo. Leur richesse et leur diversité sont infiniment plus considérables dans la ville de Pouchkine.

Nous quittons la ville de Pouchkine par **la Porte Egyptienne** élevée en 1829-1830 d'après un projet d'Adam Menelaws. L'architecte s'est manifestement inspiré du temple de Carnac en Egypte. Près de la Porte Egyptienne se dresse une statue d'Alexandre Pouchkine due au sculpteur Léopold Bernstamm (1912). La statue a été placée à cet endroit à l'époque où Tsarskoïé Sélo est devenu Pouchkine.

PAVLOVSK

Quelques kilomètres seulement séparent Pavlovsk de Pouchkine. Ces deux petites villes résidentielles de la banlieue de Saint-Pétersbourg ont historiquement bien des points communs.
Après la création de Tsarskoïé Sélo, qui fit suite à celle de Peterhof, on chercha dans les environs de cette nouvelle résidence de campagne des sites appropriés pour les chasses impériales. Les élans et un gibier varié abondaient dans la région de l'actuel Pavlovsk, cavaliers et amazones pleins d'insouciance caracolaient à travers prés et bois... Les premières constructions en ces lieux furent de petites maisons de chasse en bois qui reçurent les noms fantaisistes «Cric» et «Crac».
En 1777 Catherine II offrit les terres et les bois s'étendant en ces lieux à son fils Paul qu'elle n'aimait pas. Bientôt, en 1782, un obélisque (par Charles Cameron) fut érigé sur la rive droite de la tranquille Slavianka pour marquer la fondation de Pavlovsk.
Les plans du Grand Palais et l'aménagement du parc furent conçus par Charles Cameron. Le Temple de l'Amitié, la Colonnade d'Apollon, le Monument aux parents élevé par l'impératrice Maria Fédorovna et d'autres aménagements du parc sont du style classique caractéristique de l'œuvre de ce grand architecte.
Au cours de la dernière décennie du XVIIIe s. Pavlovsk devint la résidence d'été officielle de Paul Ier, empereur de Russie. Cameron, l'architecte préféré de Catherine II disgracié comme tous les proches de la défunte tsarine, fut écarté de la construction. Il fut remplacé par l'architecte et décorateur Vincenze Brenna qui agrandit considérablement le Grand Palais, entreprit la décoration des plafonds, bâtit pavillons et tonnelles dans le parc. Le style de Brenna se caractérise par l'alliance de compositions classiques et d'une abondante ornementation qui annonce déjà le préromantisme. Brenna confère un air plus solennel au Grand Palais, crée le secteur du parc connu sous la dénomination de «Grands cercles» (Bolchié krougui). C'est alors que sont tracés des jardins «réguliers», telles la Staraïa et la Novaïa Sylvia (Vieille et Nouvelle Sylves). Sur la rive gauche de la Slavianka s'élève le pittoresque pavillon appelé «Tour-Pil» (Pil bachnia). Des rues sont tracées, des maisons d'habitation s'élèvent près du parc.
Le 12 novembre 1796, Paul Ier change le nom de Pavlovskoïé en Pavlovsk. L'empereur n'allait pas résider longtemps à Pavlovsk. Il mourut assassiné à la suite d'un complot en mars 1801 à Saint-Pétersbourg dans son château Mikhaïlovski.

Le Palais de Pavlovsk vu de la Slavianka.

Le Pont des Centaures. Fragment.
Palier supérieur de l'Escalier Italien. Architecte Vincenze Brenna. 1799.

Durant le premier quart du XIXe s. un rôle éminent revint à Andréi Voronikhine dans la construction de Pavlovsk. Il fut chargé de reconstruire le Grand Palais ravagé par un incendie en 1803, c'est d'après ses projets que furent aménagés des ponts sur la Slavianka. Charles Cameron revint lui aussi travailler à Pavlovsk après la mort de Paul. Le célèbre Ecossais érigea un certain nombre d'édifices notamment le charmant Pavillon des Trois Grâces au sud du Grand Palais.

Carlo Rossi, l'un des grands architectes de Saint-Pétersbourg, travailla lui aussi à Pavlovsk. On lui doit ici des grilles en fonte, des vases décoratifs, des tonnelles et le portail de fonte placé à l'entrée de Pavlovsk.

Nous n'avons cité que les grands noms qui ont présidé à la naissance de Pavlovsk mais il y eut à part eux un très grand nombre de jardiniers, d'artisans qui ont enrichi le Grand Palais par des œuvres d'art inestimables. Des jardiniers ont planté les arbres du parc en choisissant les essences de manière à créer des effets de couleurs selon les saisons, quand les feuillages jaunissent ou rougissent, se mordorent, quand souffle le vent du Nord.

Pavlovsk n'est pas seulement connu par son palais et son parc. La Salle de Concert de Pavlovsk (près de la gare de chemin de fer) a vu danser la célèbre Anna Pavlova. Un an après l'invention du cinématographe par les frères Louis et Auguste Lumières (1895) la photographie vivante a été présentée au vauxhall de Pavlovsk et Johann Strauss, le «roi de la valse» s'y est produit pendant des années, lors de ses tournées en Russie.

Au début de la guerre contre l'Allemagne hitlérienne la plupart des trésors de Pavlovsk, plus de 12 000 pièces inestimables purent être évacuées. Un grand nombre d'éléments de l'ameublement du Grand Palais, de statues et autres objets furent enfouis sous terre ou murés dans les caves du palais.

Les hitlériens ravagèrent le parc en abattant des dizaines de milliers d'arbres pour en faire des fortifications. Nombre de pavillons du parc: le pavillon Rose, «Cric», le «Vieux Chalet», tous les ponts sur la Slavianka furent détruits. Le palais fut dynamité.

Des photographies des ruines de ce splendide monument d'architecture furent présentées comme documents d'accusation lors du procès de Nuremberg.

Le 24 janvier 1944 Peterhof fut libéré. Les travaux de restauration furent aussitôt entrepris. Ce fut une véritable renaissance du Grand Palais dont il n'était resté que des ruines calcinées. Plus de 60 000 arbres furent plantés.

Le Parc de Pavlovsk, l'un des plus vastes du monde, s'étend sur plus de 600 hectares. Il comprend des jardins à la française et à l'anglaise. L'ensemble s'ordonne autour de la Slavianka au cours capricieux et de l'alternance des collines et des vallées.

Le Palais de Pavlovsk.
Fragment de la façade d'apparat.

LE PALAIS DE PAVLOVSK

Le principal édifice de Pavlovsk est le Grand Palais (Palais de Pavlovsk). Il est le centre de la composition du parc: il est visible de partout. L'édifice de trois niveaux qui semble planer au-dessus de la vallée de Slavianka en impose par une monumentalité alliée à une grande légèreté. Il est surmonté d'une rotonde ceinte de 64 colonnes blanches qui soutiennent une coupole aplatie. Le rez-de-chaussée est conçu comme un socle monumental sur lequel reposent le premier et le deuxième étages. Les salles d'apparat sont au premier étage qui domine manifestement le rez-de-chaussée (où étaient les appartements) et le deuxième, où les pièces étaient plus modestes. Si du côté nord-ouest (vu de la Slavianka) le Grand Palais s'offre à la vue comme une magnifique résidence de campagne, du sud-est, du côté de l'entrée principale, l'édifice en fer à cheval a dépourvu de la simplicité et de l'intimité qui pourraient être celles d'une habitation de banlieue, c'est un édifice d'apparat, la résidence officielle de l'empereur Paul Ier.

Le bâtiment central avec ses galeries fut édifié par Charles Cameron en 1782-1786. Puis les ailes furent adjointes en 1786-1800 sous la direction de Vincenze Brenna qui aménagea également les salles d'apparat. En 1800 Giacomo Quarenghi participa à la création de certaines des pièces. Plus tard, Andréi Voronikhine prit part à l'aménagement de l'intérieur ainsi que Carlo Rossi d'après un projet duquel fut aménagée la bibliothèque.

Le Palais de Pavlovsk:
Le Vestibule Egyptien.
La Salle Italienne. Fragment du décor de la porte.
Le Petit Cabinet de travail de Paul Ier. Une pendule.
Charpentier (Paris). Marbre, bronze doré.
Deuxième moitié du XVIIIe s.

LE PALAIS DE PAVLOVSK: L'INTERIEUR

La suite de salles du palais qui surprennent par leur raffinement et leur élégance s'ouvre avec *le Vestibule Egyptien*. Il avait été décoré par Charles Cameron avec la participation du remarquable sculpteur russe Ivan Prokofiev. Les 12 statues qui décoraient le vestibule, des allégories des mois de l'année, souffrirent de l'incendie de 1803 et furent remplacées d'après des dessins d'Andréi Voronikhine par d'autres sculptures inspirées de l'art de l'Egypte ancienne en vogue à l'époque. Au pied de chaque statue, divers attributs illustrent les occupations de l'homme durant le mois considéré. Les statues sont surmontées de médaillons représentant les signes du Zodiaque. Les peintures du plafond imitent des moulures, elles sont encadrées de panneaux où des amours symbolisent des saisons. Les lustres de cristal dont la forme rappelle des cloches sont remarquables.

L'escalier à l'élégante balustrade forgée de style baroque conduit au premier étage, au *Vestibule d'Apparat* créé d'après un projet de Vincenze Brenna dans les années 1790. Il est richement décoré de moulures qui représentent principalement des trophées d'armes. Les torchères en bois ouvragé sont du même style. Le vestibule est partagé par un large arc soutenu par des Atlantes, les caissons carrés au-dessus sont emplis de reliefs moulés bronzés. Un panneau près de l'escalier représente des étendards russes, des turbans et des tougs (lances ornées de queue de cheval turques). Ces détails évoquent les victoires remportées par la Russie sur la Turquie dans la seconde moitié du XVIIIe s. Les parades de la garde du palais avaient lieu dans ce vestibule sous le règne de Paul Ier.

La somptueuse *Salle Italienne* est contiguë du Vestibule d'Apparat au nord-ouest. C'est la première des salles du palais où commencèrent les travaux de restauration après la libération de Pavlovsk. Elle se trouve au centre du palais et est éclairé par des baies ménagées dans la coupole. Vincenze Brenna prit part à la création de cette rotonde d'apparat (1789) dont la décoration fut complétée après l'incendie de 1803 par Andréi Voronikhine: c'est d'après ses dessins que furent sculptés les aigles sur les corniches, les cariatides sous les coupoles et entre les arcs.

Les murs de la salle sont revêtus de marbre artificiel lilas. Le sol de pierre en marqueterie et les flots de lumière qui se déversent d'en haut font ressembler cette rotonde aux salles d'apparat des palais de la Rome antique, d'où son nom. Cette rotonde est divisée en trois parties dans le sens de la hauteur. La division est soulignée par des corniches à moulures dorées. Les galeries et la coupole ajoutent une note de solennité. Le lustre, œuvre de maîtres russes, est magnifique. Au bronze et au verre rubis s'ajoutent des plumes d'autruche de cristal d'une originalité certaine. Les murs sont décorés de bas-reliefs en marbre. On peut admirer des sculptures romaines authentiques des Ier-IIe ss.: Vénus à la colombe, Faune jouant de la flûte, Satyre dansant, Eros bandant son arc.

La collection de sculptures antiques du Palais de Pavlovsk ne le cède par sa richesse qu'à celles de l'Ermitage de Saint-Pétersbourg. Certaines de ses sculptures avaient fait partie de la fameuse collection de lord Hamilton (ambassadeur d'Angleterre à la cour de Naples) avant d'être achetées par Catherine II.

Les appartements d'apparat de Paul Ier, l'enfilade nord du palais, s'ouvrent par une pièce relativement modeste que l'on pourrait appeler *la Salle des Officiers de Chambre* (Kamerdinerskaïa). Lors des audiences qu'accordait l'empereur un officier de la Chambre Impériale y attendait les ordres de Paul Ier. *Le Cabinet de Toilette* est contigu. Charles Cameron l'avait conçu comme un rectangle aux pans coupés avec un plafond voûté. Les murs de cette pièce élégante sont décorés de moulures et de peintures, des guirlandes de jasmin, dont les tons doux s'harmonisent avec la mouluration ajourée. On remarque près de la fenêtre un «Faune à la panthère», une sculpture du IIe s. de n. è. A côté de la statue, une table de toilette en bois de palmier (1784).

Le Cabinet de Passage est une pièce à la décoration modeste avec des meubles en bois de tilleul ouvragé et doré, créés en 1825 d'après un dessin de Carlo Rossi. Les tableaux de S. Chtchédrine et A. Martynov représentent des paysages du Parc de Pavlovsk à la fin du XVIIIe s.

Une grande salle incurvée, qui fait suite, *la «Bibliothèque de Rossi»*, est éclairée par cinq grandes fenêtres en demi-cercle. Elle fut ajoutée au palais par Carlo Rossi en 1824. Il y avait là avant la guerre des armoires décorées de sculptures qui paraissaient être de bronze. Elles renfermaient plus de 20 000 volumes. On y trouvait aussi dans des vitrines des collections de gravures, de dessins, de croquis. Beaucoup de ces livres et pièces figuratives ont pu être conservés. Mais le magnifique ameublement de la bibliothèque a disparu dans l'incendie de 1944.

Le Petit Cabinet de travail de Paul Ier est lui aussi attenant au Cabinet de Toilette. Sur un des murs on peut voir un portrait de Pierre le Grand en pied sur un fond de bataille. Le tableau est attribué au peintre Johann Gottfried Tannauer, invité de Saxe en Russie par l'empereur. A remarquer le bureau, pièce française du XVIIIe s., l'horloge de parquet, décorée de signes maçonniques, et, près de la cheminée, l'écran en acajou orné de colonnettes d'ivoire et de copies de camées antiques. Le lustre du célèbre bronzier Pierre Gouthière est magnifique.

Le Palais de Pavlovsk:
La Bibliothèque de Paul Ier.
Le Cabinet de Passage.

La salle suivante de l'enfilade est *la Bibliothèque de Paul Ier*. Réalisée en 1790 d'après un projet de Vincenze Brenna elle fut remise à neuf par Andréi Voronikhine après l'incendie de 1803. Les murs revêtus d'une imitation de marbre blanc sont tapissés de gobelins d'origine illustrant les fables de La Fontaine.

Ces tapisseries furent offertes à Paul, alors héritier du trône, en 1782, par Louis XVI. Le portrait de l'impératrice Maria Fédorovna, épouse de Paul, est du peintre autrichien Johann Lampi (1794). Le grand bureau au centre de la pièce est en acajou et bronze. Il porte d'élégants candélabres et une écritoire en ambre et ivoire. Tous ces objets ont été confectionnés à Saint-Pétersbourg d'après un projet de Vincenze Brenna. Les petites bibliothèques blanches adossées aux murs supportent des sculptures en marbre dont la plus remarquable est «Amour endormi tenant la massue d'Hercule» de Mikhaïl Kozlovski.

Le Palais de Pavlovsk:
Le Cabinet des Tapisseries.
La Salle de la Paix.

La pièce voisine est *le Cabinet des Tapisseries* dont les murs sont ornés de gobelins représentant des scènes de «Don Quichotte de la Manche» de Cervantès. Quatre de ces tapisseries furent offertes à Paul par Louis XVI. La décoration de cette salle est très belle: un bureau en acajou et ivoire destiné au cabinet de Paul Ier au château Mikhaïlovski de Saint-Pétersbourg, un ensemble de meubles sculptés et dorés, recouverts de tapisserie en broderie de Lyon (œuvre de l'ébéniste français Georges Jacob, 1784).

On remarque la sculpture de marbre, bibelots d'ambre et d'ivoire, les horloges de forme curieuse, les vases en porcelaine japonaise et française.

La dernière salle de cette enfilade est *la Salle de la Guerre*. Après l'avènement de Paul Ier elle servit pendant quelque temps la petite salle de trône. Elle est de dimensions modestes mais le revêtement des murs en imitation de marbre blanc, qui fait contraste avec les somptueuses moulures dorées lui confère beaucoup de solennité. Les murs sont ornés de panoplies d'armes de la Rome antique. Les lunettes du plafond présentent des bas-reliefs inspirés par la guerre de Troie. Les niches de la salle qui est octogonale sont décorées de bustes de marbre d'empereurs romains.

La Salle de la Paix fait pendant à la Salle de la Guerre par rapport à la Salle Grecque. Cette salle octogonale comporte quatre niches richement décorées, l'une d'elles abrite un poêle ornementé. Au lieu de l'aigle menaçant qui surmonte le poêle de la Salle de la Guerre, on reconnaît ici le paon de Junon, protectrice du mariage et de la famille. Par sa conception la Salle de la Paix est très proche de celle de la Guerre. Toutefois on n'y trouve pas d'attributs militaires qui sont remplacés par des allégories de la vie paisible: outils de travail agricole, corbeilles emplies de fleurs et de fruits, rameaux de vigne, instruments de musique. Il est vrai que parmi les ornements des portes dorées figurent des arcs et des carquois avec des flèches. Pourtant ce ne sont pas des armes mais des emblèmes de l'amour qui aspire à la paix.

On pourra admirer dans la Salle de la Paix un vase-trépied en cristal et en verre incarnat d'une extraordinaire noblesse de proportions, confectionné en 1811 d'après un dessin d'Andréi Voronikhine. C'est l'une des œuvres d'arts decoratifs les plus belles de Pavlovsk.

Une suite de pièces de plan rectangulaire se succèdent sur tout le périmètre du palais. C'est une enfilade d'honneur de salles somptueusement décorées dans le style classique. Parmi elles, la fameuse *Salle Grecque*, une des principales salles du Palais de Pavlovsk. Elle fut créée en 1789 d'après un projet de Vincenze Brenna et remise à neuf par Andréi Voronikhine après l'incendie de 1803. Par sa conception la salle rappelle une cour intérieure avec un péristyle. De fait la gracieuse colonnade en marbre vert artificiel mise en valeur par les murs revêtus d'imitations de marbre blanc rappelle les temples grecs. Les niches abritent des copies d'antiques. De fines moulures ornent le plafond. Deux lanternes hexagonales en bronze doré ouvragées avec raffinement et des luminaires de marbre suspendus à de longues chaînes entre les colonnes parachèvent la décoration de la salle.

Sur les cheminées et les consoles de marbre on peut voir d'admirables vases, horloges et candélabres. La draperie des fenêtres est intéressante. Ces tissus aux magnifiques broderies ont été fabriqués à Paris en 1782 et ont aussitôt trouvé leur place dans la Salle Grecque de Pavlovsk. Au milieu du XIXe s. les tissus devenus vétustes furent retirés et restèrent plus de 100 ans dans des entrepôts. Après la dernière guerre les restaurateurs ont merveilleusement rénové l'œuvre des tisserands français.

La Salle Grecque offre aujourd'hui son cadre à des concerts qui rassemblent un grand nombre d'amateurs de musique ancienne. Des fenêtres de la Salle de la Guerre, de la Salle Grecque et de la Salle de la Paix on peut contempler le charmant paysage des rives de la Slavianka qui s'étend devant la façade nord-ouest du palais. De la fenêtre ouest de la Salle de la Paix on découvre le panorama de la cascade qui de la Colonnade d'Apollon descend jusqu'aux eaux de la Slavianka.

La Salle de la Paix est suivie de *la Bibliothèque de l'impératrice Maria Fédorovna*. Une tapisserie de la série consacrée à Don Quichotte et exécutée en 1780 couvre le mur central. Des bibliothèques blanches adossées aux quatre murs supportent des sculptures copies d'antiques réalisées en Italie au XVIIIe s. Une seule, la «Muse près du rocher» (près de la fenêtre), est une sculpture romaine du IIe s. de n.è. Au fond de la salle près du mur incurvé on aperçoit un bureau d'acajou orné de bronze (1784). Le large fauteuil derrière le bureau est décoré de cornes d'abondance où l'on mettait des fleurs. Les tissus qui tapissent le fauteuil sont décorés d'élégantes broderies, le parquet de marqueterie du XVIIIe s. admirablement restauré fait penser à un tapis. Il est fait de 12 essences (amarante, palissandre, acajou, bois de rose, palmier et autres) amenées d'Inde, de Ceylan et d'autres pays. Un lustre de cristal, œuvre de maîtres russes, suspendu à des chaînes de bronze doré parachève le décor.

Le Palais de Pavlovsk.
La Salle Grecque.

Le Palais de Pavlovsk:
Le Boudoir.
Une table aux paysages du Parc de Pavlovsk.
La Bibliothèque de l'impératrice Maria Fédorovna.

Un petit *Boudoir* fait directement suite à cette pièce (architectes Vincenze Brenna et Andréi Voronikhine). Son principal ornement est la cheminée de marbre blanc de Carrare décorée de bronze doré et de porphyre. Elle rappelle un portail antique. Des pilastres de marbre exécutés à Rome au XVIIIe s. sont en harmonie avec les formes antiques de la cheminée. Ils sont ornés de peintures inspirées des motifs des Loges de Raphaël au Vatican. Entre les pilastres on remarque des bas-reliefs et des médaillons de marbre romains avec les portraits d'Alexandre le Grand et de sa mère Olympias. La pièce la plus intéressante de l'ameublement est une table réalisée en 1789 à la manufacture de porcelaine de Saint-Pétersbourg: sur le plateau de table en porcelaine sont représentés des paysages du Parc de Pavlovsk. Le piano a été fabriqué à Londres en 1774. Le lustre de bronze et de verre vert suspendu à de longues chaînes a été réalisé spécialement pour cette pièce d'après un dessin d'Andréi Voronikhine.

Le Palais de Pavlovsk.
La Chambre à coucher d'Apparat.
La couchette et le plafond.

Vient ensuite une pièce presque carrée, *la Chambre à coucher d'Apparat* qui ne fut jamais utilisée en tant que telle et qui ne fut incluse à l'enfilade d'apparat que du fait de traditions établies au palais. Les murs sont tapissés de soie peinte avec des fleurs, des fruits, des instruments de musique. L'un des principaux décors de la salle est une cheminée de marbre blanc de Carrare flanquée de pilastres de malachite. Le lit doré à baldaquin est décoré d'une fine sculpture: des corbeilles de fleurs, un autel de l'Amour avec des colombes et de petits amours. Ce lit, ainsi que la couchette et les fauteuils furent exécutés sur commande de Paul Ier par l'ébéniste parisien Georges Jacob. Sur une table sous verre est exposé une toilette de porcelaine de Sèvres comptant 64 pièces. Il fut exécuté sur commande de Marie-Antoinette et offert à la femme de Paul lors de son séjour en France en 1782. Les pièces qui composent ce service sont décorées d'or ciselé, d'incrustations en émail imitant des pierres précieuses. Les sculptures en biscuit qui maintiennent le miroir furent exécutées sur des modèles du sculpteur Louis-Simon Boizot. Les trépieds de bronze doré en lapis-lazuli et marbre sont des copies approximatives d'antiques mis au jour à Pompéi.

Le Palais de Pavlovsk:
La Galerie des Tableaux.
Le Troisième Cabinet de Passage.
La Salle du Trône.

Le petit *Cabinet de Toilette de Maria Fédorovna* aménagé par Vincenze Brenna en 1797 fait suite à la Chambre à coucher d'Apparat. Les murs en imitation de marbre blanc sont divisés en panneaux et décorés de fines moulures dues au sculpteur Ivan Prokofiev. Il a allié la rigueur du dessin géométrique à une riche ornementation en rinceaux et des scènes mythologiques. Les panneaux aux murs représentent des paysages du Parc de Pavlovsk (le Temple de l'Amitié et la Grande Cascade). On remarque un ensemble de toilette en acier qui comprend une table avec son miroir, de petits vases, des chandeliers, un petit banc et une chaise. Il est constitué de plusieurs milliers de pièces forgées et taillées en diamant. Cet ensemble unique fut confectionné en 1788 par Sémion Samarine, ouvrier à l'usine d'armes de Toula.

La dernière pièce de l'enfilade est petite et s'appelle *la Salle des Demoiselles d'honneur*. Celles-ci y attendaient la sortie de l'impératrice de ses appartements privés. Les meubles sculptés et dorés sont l'œuvre de maîtres russes de la fin du XVIIIe s., la statue représentant une Vestale est de Louis-Simon Boizot. On remarque la pendule de bronze sur le bureau d'acajou représentant une scène du «Déserteur», un opéra de Pierre Alexandre Monsigny, apprécié à l'époque à la cour. La boîte à musique qui sert de support à la pendule exécute toutes les heures quelques passages de cet opéra. La pendule est restée arrêtée pendant 150 ans et a retrouvé une vie grâce aux mains habiles des restaurateurs de Pavlovsk.

Les salles d'apparat n'occupent pas seulement le bâtiment central du palais, elles continuent dans les galeries incurvées et dans l'aile gauche.

Le Premier Cabinet de Passage conduit du volume central aux bâtiments ouest édifiés par Brenna. Le regard est attiré par une cheminée de marbre avec un miroir à cadre doré et des vases en porcelaine de fabrication allemande (seconde moitié du XVIIIe s.).

Les murs du *Deuxième Cabinet de Passage* sont en imitation de marbre rose. De grands vases, œuvres de maîtres russes, sont placés dans des niches. Une sculpture italienne du XVIIIe s. représente une scène d'un mythe antique: Zeus changé en aigle enlève Ganymède et l'emporte sur l'Olympe où le bel adolescent devient l'échanson des Dieux. Le secrétaire confectionné en France à la fin du XVIIIe s. est orné d'une pendule décorée d'émaux, faite à Liège.

Suit une salle incurvée, *la Galerie des Tableaux*. Parmi ses chefs-d'œuvre citons une esquisse de la Pietà par Rubens ainsi qu'une toile de Luca Giordano «Le paradis perdu».
Cette galerie conduit à une petite pièce gracieusement décorée, *le Troisième Cabinet de Passage*. Les murs sont revêtus de marbre lilas et de panneaux à incrustations de verre, couverts de peintures décoratives. Après la dernière guerre, le peintre russe A. Treskine, a merveilleusement reconstitué le plafond exécuté par Pietro Gonzago. Ce plafond reproduisant des perspectives créait l'impression de hauteur de cette pièce, ce qui facilitait la perception de la salle suivante, plus haute.
La Salle du Trône est la plus grande (400 mètres carrés) et la plus solennelle du Palais de Pavlovsk. Elle fut aménagée en 1798 d'après un projet de Vincenze Brenna et était destinée à des réceptions. Elle s'appelait à l'origine la Grande Salle, mais après son aménagement on y plaça le trône de Paul Ier, ce qui lui valut sa nouvelle dénomination. Sous le règne d'Alexandre Ier qui succéda à Paul Ier la salle servit à la réception solennelle des généraux et d'autres officiers des régiments de la Garde de retour dans leur patrie après la victoire sur Napoléon. Le trône fut retiré de la salle à cette occasion et n'y revint plus.
La salle est carrée mais les angles tronqués forment des niches profondes qui abritent des poêles décoratifs. Les murs en imitation de marbre blanc contrastent avec les portes d'acajou poli et les somptueux candélabres dorés. Les arcatures ornées de cariatides soulignent la solennité de la salle. Créées par les sculpteurs Ivan Martos et Mikhaïl Kozlovski elles furent détruites par les flammes et ont été restaurées sous la direction du sculpteur soviétique I. Krestovski. Le plafond qui offre une envolée de la perspective a été créé par des restaurateurs soviétiques sous la direction de A. Treskine d'après des esquisses de Pietro Gonzago.
Au sud-ouest, la Salle du Trône est suivie de deux pièces qui en dépendent. Une porte-miroir donne sur *la Salle de l'Orchestre* où prenaient place les musiciens de l'orchestre de la cour.
Le Buffet est la pièce suivante d'où les serviteurs apportaient les mets. Dans des vitrines sont exposés des échantillons de services de table et à thé utilisés lors des réceptions officielles et de ceux dont on se servait d'ordinaire au palais. Le très beau lustre de bronze et cristal dont le haut est orné d'un bouquet de muguet en cristal est l'œuvre de maîtres russes du XVIIIe s.
La Salle de l'Orchestre est suivie d'une longue salle rectangulaire appelée *la Salle des Chevaliers*. Aménagée en 1798 d'après un projet de Vincenze Brenna, elle était destinée aux réceptions des chevaliers de l'ordre de Malte qui furent souvent reçus en Russie après que Paul Ier fût devenu grand maître de l'Ordre.

Le Palais de Pavlovsk:
La Salle de l'Orchestre. Fragment.
La Salle des Chevaliers.

La Salle des Chevaliers est décorée de moulures et de bas-reliefs représentant des danses, des cortèges, des sacrifices. Le décor peint du plafond fait croire qu'il est décoré de moulures. Une collection de sculptures des IIe-IIIe ss. est exposée dans la salle. Par la Salle des Chevaliers on accède à *la Chapelle palatine*, plus précisément aux tribunes. On remarque les torchères blanc et or et le lustre d'argent du XVIIIe s.

Une porte à l'extrémité de la Salle des Chevaliers conduit dans *la Salle des Chevaliers-gardes*. Là se trouvait en quelque sorte «l'état-major» de la garde du palais, les officiers du régiment de chevaliers-gardes de service de jour.

La visite du rez-de-chaussée habité d'ordinaire par les propriétaires du palais commence par *la Salle de Danse*, les nuances roses et bleues de la décoration lui confèrent une certaine intimité. L'impression est soulignée encore par une fine moulure dorée, d'élégants rameaux et des vases classiques. Quatre toiles aux murs sont de Hubert Robert, peintre français du XVIIIe s. très en vogue à son époque qui, cédant à la mode antiquisante, peignit surtout des ruines.

A droite de la Salle de Danse se trouve *le Salon Français* orné de beaux gobelins offerts à Paul Ier par Louis XVI en 1782. A gauche de la Salle de Danse, passé le Vieux Salon, on arrive à une pièce d'angle, *la Salle de Billard*. A remarquer des tables de jeu (à l'origine pour le jeu de cartes, dit hombre, d'origine espagnole) confectionnées par des maîtres russes de la seconde moitié du XVIIIe s. On y trouve aussi un instrument de musique unique, un clavicorde-orgue. Exécuté à Saint-Pétersbourg en 1783 sur commande de Catherine II, il se trouva d'abord au Palais de Tauride, offert par l'impératrice à son favori, le prince Potemkine. Le billard que l'on pouvait s'attendre à voir dans cette salle n'y est plus. Il fut emporté au milieu du XIXe s. dans une autre banlieue, Strelna, et n'existe plus.

Aux pages suivantes:
La Chapelle palatine.

Le Palais de Pavlovsk:
La Salle à manger.
Le Nouveau Cabinet de travail de Paul Ier.
Le Cabinet Commun.

A gauche de la Salle de Billard se trouve *la Salle à manger*, la plus grande pièce du rez-de-chaussée. La décoration sur un projet de Charles Cameron en est d'une sobre solennité. Les pilastres cannelés blancs sont du plus bel effet sur le fond pistache des murs. La gracieuse frise moulée créée d'après un dessin de Cameron présente des amours, des lions, des vases, des motifs végétaux. Par les portes vitrées on a une vue splendide de la vallée de la Slavianka.
C'est dans cette salle que l'on servait des repas de la famille impériale et des plus proches courtisans. Sur la table on peut voir l'un des plus grands et des plus fameux services des résidences impériales confectionné à la manufacture de porcelaine de Saint-Pétersbourg au début du XIXe s.
A gauche de la Salle à manger se situe *le Salon d'Angle*. Il a été reconstitué après la dernière guerre grâce à des fragments qui s'en étaient conservés et d'après des plans de Carlo Rossi. Du reste Rossi ne se limita pas à la conception architecturale de cette pièce. C'est d'après ses dessins que furent réalisés les meubles de bouleau sculptés et dorés, le lustre de bronze et de cristal de couleur, ainsi que les draperies des fenêtres. Les murs du salon sont revêtus de marbre artificiel couleur lilas et comportent des ornements en imitation de bronze. Le plafond peint avec ses masques classiques s' harmonise avec les murs. La peinture a été restituée sous la direction du restaurateur russe A. Treskine qui a recréé dans ses moindres détails la décoration ancienne. L'élégance de la pièce est soulignée par la couleur ambre de la porte en bois de bouleau.
La pièce suivante de l'enfilade du rez-de-chaussée est *le Nouveau Cabinet de travail de Paul Ier*. Les murs revêtus d'imitation de marbre de teinte lilas sont ordonnancés en petits panneaux encadrés de fines moulures dorées. La décoration murale est enrichie par des incrustations de marbre blanc avec arabesques et aqurelles réalisées dans le style des Loges de Raphaël au Vatican. La très belle cheminée de marbre blanc est ornée d'un bas-relief. La décoration de la pièce a été exécutée en 1800 d'après un projet de Giacomo Quarenghi. Les meubles en acajou et bronze sont du fameux ébéniste allemand David Röntgen.
La pièce suivante est *le Cabinet Commun* où se réunissait souvent la famille de Paul Ier. On y trouve des portraits de famille dus à d'éminents maîtres russes ou d'Europe occidentale des XVIIIe-début du XIXe ss. Le mobilier en acajou est de style Jacob, du nom du célèbre ébéniste parisien Georges-Alphonse Jacob qui fut le premier à utiliser le laiton cannelé. D'élégants bibelots en ambre et en ivoire, obélisques, écritoires, chandeliers décorent la pièce.
Le Vieux Cabinet de travail contigu au précédent était encore appelé *le Cabinet Framboise* d'après la couleur des tapisseries des meubles et des draperies. Parmi les paysages que l'on peut voir dans cette pièce on remarque une curieuse mosaïque représentant le Colysée de Rome. Elle fut offerte à Paul Ier en 1782 par le Pape Pie VI.

Le Palais de Pavlovsk:
Le Cabinet aux Pilastres.
La Chambre à coucher.
Le Cabinet dit «La Lanterne».

Un long *Vestibule* conduit du corps principal du palais à l'aile ouest créée par Giacomo Quarenghi et Andréi Voronikhine. Suit *la Salle des Officiers de Chambre*. C'est dans cette pièce ronde que se tenait l'officier de service, secrétaire de l'empereur lors des audiences. Par cette salle on passe dans une pièce beaucoup plus grande, *le Cabinet aux Pilastres*.
La décoration en fut exécutée en 1800 d'après un projet de Giacomo Quarenghi. Le cabinet doit son nom à des pilastres en marbre artificiel jaune doré couronnés de chapiteaux corinthiens. L'aménagement de cette pièce est strictement classique. Le marbre blanc et les pilastres dorés qui contrastent avec les bas-reliefs moulés couleur bronze foncé, confèrent une solennité sévère à la pièce. Le mobilier d'acajou fut exécuté par l'ébéniste pétersbourgeois Heinrich Gambs d'après des dessins de Voronikhine. Les deux vases de jaspe, de part et d'autre du bureau, furent exécutés en 1802 dans une taillerie de l'Oural.
Le Cabinet aux Pilastres est suivi d'une des pièces des plus charmantes du palais, le cabinet *la Lanterne* réalisée par Andréi Voronikhine en 1807. La partie vitrée de la pièce avance en demi-cercle dans le jardin; elle est ornée d'une voûte à caissons qui reposent sur d'élégantes colonnes ioniques revêtues de marbre blanc artificiel. Les caissons sont parsemés de rosettes en forme de marguerites.

Le Pavillon des Trois Grâces.
Projet de Charles Cameron. 1800.

L'arc est soutenu par des cariatides dues à Vassili Démuth-Malinowski. L'abondance de lumière donne à la Lanterne un air de légèreté aérienne. Le mobilier noir et or exécuté d'après des dessins de Voronikhine s'inscrit merveilleusement dans l'espace de la pièce. Nombre des toiles qui ornent la pièce furent acquises en Italie avec la participation du peintre Orest Kiprenski.

Outre un bureau et d'autres meubles le cabinet contient des objets d'arts décoratifs conçus par Voronikhine, notamment une table ronde en cristal et un trépied à dessus en verre bleu.

La pièce voisine est *le Cabinet de Toilette* conçu d'après un projet de Giacomo Quarenghi (1800). A remarquer le très beau plafond en grisaille, c'est-à-dire tout en camaïeu gris qui crée l'illusion de relief. Les objets de toilette notamment la cuvette et le broc en verre avec une haute anse en bronze doré, réalisés d'après des dessins d'Andréi Voronikhine sont très beaux. Ils sont placés sur une table de verre bleu et ambre. Nous voyons ce verre ambre sur les vases du bureau. La toilette verte qui compte 34 pièces de porcelaine russe est d'un grand raffinement.

La pièce voisine, une *Chambre à coucher*, charme par les guirlandes de fleurs du plafond et des murs. Le mobilier de cette pièce fut confectionné d'après des dessins de Voronikhine mais une partie des pièces, les fauteuils et les banquettes, a disparu pendant la guerre. Les pièces manquantes ont été reconstituées en 1959 par des restaurateurs scrupuleux. Les commodes en acajou et bronze sont françaises. La tapisserie avec un portrait de Paul Ier au-dessus du sofa fut exécutée en 1799 par des ouvriers serfs à la Manufacture de Saint-Pétersbourg.

L'enfilade nord-ouest du rez-de-chaussée se termine par une petite pièce ovale dite *la Tente* qui servait au repos et aux ouvrages à l'aiguille.

Devant le palais, plus précisément devant sa façade ouest, s'étend **le Jardinet Particulier** tracé dans le style des jardins hollandais. L'allée qui va du palais au Pavillon des Trois Grâces est ornée de vases en marbre blanc placés sur des socles en marbre de couleur. Par endroits l'allée est couverte par des treillages auxquels s'accrochent des plantes grimpantes. **Le Pavillon des Trois Grâces** fut élevé en 1800 à la limite du Jardinet Particulier d'après un projet de Charles Cameron. C'est une terrasse couverte entourée de 16 colonnes ioniques blanches sous d'élégants frontons plats. Une sculpture de Paolo Triscorni fut placée au centre du pavillon en 1803. Les Trois Grâces, Aglaé, Euphrosyne et Thalie sont taillées dans un seul bloc de marbre.

Du Jardinet Particulier un *Escalier de pierre* (par Vincenze Brenna) descend vers la Slavianka. Il compte 64 marches et est orné de sculptures de lions (en marbre en haut, en fonte en bas). Les balustrades partent de vases placés sur des socles.
Un peu à droite en suivant la Slavianka s'élève un élégant pavillon de style classique, **le Temple de l'Amitié**, construit en 1782 par Charles Caméron. Son nom fut inspiré par le sentimentalisme qui régnait dans la littérature russe à la fin du XVIIIe s. Le temple est une rotonde entourée de 16 colonnes doriques cannelées. Entre les colonnes, des bas-reliefs moulés. Sous la corniche, une frise moulurée faite de guirlandes et de dauphins (ceux-ci étant le symbole de l'amitié). Le pavillon est coiffé d'une coupole aplatie dont la partie centrale vitrée éclaire l'intérieur. Cette construction est en parfaite harmonie avec le paysage, ses colonnes se reflètent dans les eaux tranquilles de la Slavianka, les arbres sont plantés de façon à ne pas cacher le Temple de l'Amitié. Le pavillon est visible même depuis des endroits éloignés du parc.

Le Temple de l'Amitié.
Projet de Charles Cameron. 1782.
La Tour-Pil. 1797.

Le Pont aux Centaures.

La Colonnade d'Apollon du Belvédère. Projet de Charles Cameron. 1783.

Pour passer de l'autre côté de la Slavianka on emprunte **le Pont aux Centaures** construit par le maçon Nikita Yakovlev, celui-ci avait prévu des balustrades ajourées en harmonie avec les formes légères du pont. En 1805 Voronikhine plaça aux quatre angles du pont des Centaures exécutés par un maître italien à la fin du XVIIIe s.

Durant l'occupation les statues furent brisées par les hitlériens, on voit aujourd'hui des copies exécutées en résine époxy. Non loin du Pont aux Centaures s'élève au bord de la Slavianka, un petit pavillon, **les Bains froids**, aménagé pour se laver en été.

En suivant la Slavianka on arrive à **la Colonnade d'Apollon** construite en 1783 d'après un projet de Charles Cameron. C'était à l'origine une double colonnade circulaire. Elle fut endommagée en 1817 lors d'un orage. Il fut décidé ensuite de ne pas restaurer la partie détruite et les colonnes tombées furent disposées avec art près de la statue d'Apollon du Belvédère (l'original de cette statue antique se trouve au Belvédère, villa de la cité du Vatican). L'ensemble prit ainsi l'apparence de ruines antiques. La statue d'Apollon est dressée sur un haut piédestal au centre. La colonnade est en pierre de teinte claire des environs de Saint-Pétersbourg.

Le Pavillon Rossi construit en 1913-1914 d'après le projet de Carlo Rossi, 1816. En regard, le Pavillon «La Volière», par Charles Cameron. 1782-1784.

Dans la partie du parc qui s'appelle **Staraïa Sylvia**, c'est-à-dire la «Vieille Sylve», il y a un endroit aux formes géométriques strictes appelé le rond-point des *Douze Allées*, avec des 12 statues en bronze coulées d'après des antiques à l'Académie des Beaux-Arts de Saint-Pétersbourg. Ces statues sont placées dans le sens des aiguilles d'une montre dans l'ordre suivant: Euterpe, muse de la musique et de la poésie lyrique; Melpomène, muse de la tragédie; Thalie, muse de la comédie; Terpsichore, muse de la danse; Erato, muse de la poésie érotique; Mercure, messager des Dieux, protecteur du commerce et des voyageurs; Vénus Callipyge (aux belles fesses), déesse de la beauté et de la grâce; Polymnie, muse de l'hymne et de la poésie lyrique; Calliope (femme à la belle voix), muse de l'éloquence; Clio, muse de l'histoire; Uranie, muse de l'astronomie; Flore, déesse du printemps et des fleurs. Au centre du rond-point, Apollon, Dieu du Soleil et protecteur des muses.

Douze allées rayonnent de ce rond-point. L'une d'elles s'en va vers l'ouest et conduit au **Monument aux parents** (Charles Cameron) élevé par l'impératrice Maria Fédorovna. Au fond de ce pavillon hémisphérique avec à l'entrée deux colonnes doriques de marbre rose abrite dans une niche une pyramide de granit rouge placée sur un piédestal de marbre gris. Le médaillon sur la pyramide représente les prophiles des parents de l'impératrice, épouse de Paul Ier. La composition est l'œuvre d'Ivan Martos.

Un petit pont rustique relie la Staraïa à la Novaïa Sylvia.

Au nord du pont sur l'autre rive de la Slavianka, se dresse une pittoresque tour ronde en pierre coiffée d'un toit de chaume. C'est **la Tour-Pil** ou «tour de la scie» construite en 1797. Il y avait sur cet emplacement un moulin à scier dont les roues étaient actionnées par les eaux de la Slavianka, d'où le nom du pavillon. Le peintre Pietro Gonzago a décoré la tour de manière à donner l'impression d'une construction en ruines pour satisfaire un caprice des courtisans. L'intérieur toutefois était très beau. La tour abritait un salon luxueux décoré de moulures, de peintures et d'une cheminée de marbre.

Au sud de la Tour-Pil se trouve **le Mausolée de Paul Ier** qui est en fait un temple dédié par l'impératrice à la mémoire de l'empereur. Le fronton porte l'inscription **«Souprougou blagodételiou»**, c'est-à-dire «A l'époux, au bienfaiteur». L'empereur assassiné, on le sait, fut inhumé dans la forteresse Pierre-et-Paul à Saint-Pétersbourg. Il est vrai que l'on plaça souvent des cénotaphes autrefois, ailleurs qu'à l'emplacement de la sépulture des morts. Ce mausolée est une variante de ces cénotaphes. Cet édifice imposant malgré les dimensions modestes fut élevé en 1808-1809 d'après un projet de Jean Thomas de Thomon. Il est en grès sur socle de granit et rappelle un temple grec. La façade principale est surmontée d'un fronton reposant sur quatre colonnes monolithiques de granit rouge formant un édifice à demi-ouvert auquel on accède par un large escalier de pierre de neuf marches. Une frise de masques tragiques aux larmes de douleur court le long des murs. L'intérieur du mausolée est revêtu de marbre artificiel et est éclairé par deux fenêtres semi-circulaires ménagées dans les murs latéraux. Au fond, en face de l'entrée se dresse un monument: une pyramide de granit avec un médaillon de marbre blanc, un portrait de Paul Ier. Devant la pyramide sur un piédestal de porphyre, une urne sur laquelle se penche une femme en proie à la douleur, la veuve de Paul Ier. A côté ses enfants abîmés eux aussi dans la douleur. L'auteur de cette composition en marbre est Ivan Martos. Ses contemporains affirmaient qu'il savait faire pleurer le marbre.

Les photographies des premiers mois de l'après-guerre ont conservé l'image tragique des ruines calcinées du Palais de Pavlovsk, des aménagements saccagés du parc. Ces documents photographiques témoignent de la grandeur de l'exploit des restaurateurs, architectes, peintres, sculpteurs qui, par un labeur sublime, ont restitué le Palais de Pavlovsk et l'un des plus beaux parcs d'Europe.
Avec une égale abnégation les restaurateurs des autres palais et parcs mentionnés dans le présent ouvrage ont apporté leur travail sur l'autel de la culture universelle.
Gloire leur soit rendue!

SOMMAIRE

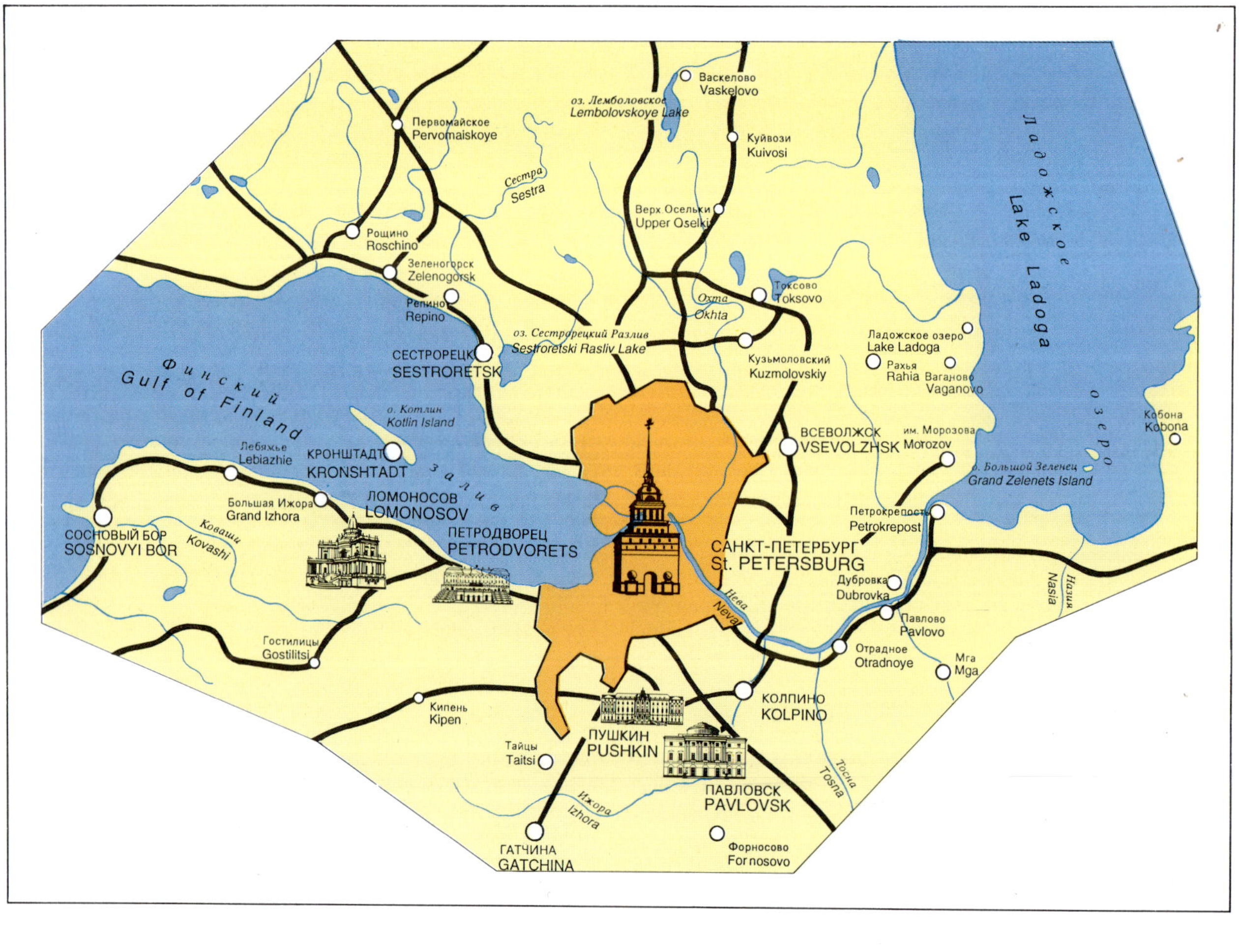

Васкелово
Vaskelovo
оз. Лемболовское
Lembolovskoye Lake
Первомайское
Pervomaiskoye
Куйвози
Kuivosi
Сестра
Sestra
Верх Оселъки
Upper Oselki
Рощино
Roschino
Зеленогорск
Zelenogorsk
Репино
Repino
Охта
Okhta
Токсово
Toksovo
Ладожское
Lake Ladoga
озеро
оз. Сестрорецкий Разлив
Sestroretski Rasliv Lake
СЕСТРОРЕЦК
SESTRORETSK
Кузьмоловский
Kuzmolovskiy
Ладожское озеро
Lake Ladoga
Рахья
Rahia
Ваганово
Vaganovo
Финский залив
Gulf of Finland
о. Котлин
Kotlin Island
Кобона
Kobona
ВСЕВОЛЖСК
VSEVOLZHSK
им. Морозова
Morozov
Лебяжье
Lebiazhie
КРОНШТАДТ
KRONSHTADT
о. Большой Зеленец
Grand Zelenets Island
Большая Ижора
Grand Izhora
ЛОМОНОСОВ
LOMONOSOV
Петрокрепость
Petrokrepost
СОСНОВЫЙ БОР
SOSNOVYI BOR
Ковашu
Kovashi
ПЕТРОДВОРЕЦ
PETRODVORETS
САНКТ-ПЕТЕРБУРГ
St. PETERSBURG
Дубровка
Dubrovka
Нева
Neva
Назия
Nasia
Павлово
Pavlovo
Гостилицы
Gostilitsi
Отрадное
Otradnoye
Мга
Mga
Кипень
Kipen
КОЛПИНО
KOLPINO
Тайцы
Taitsi
ПУШКИН
PUSHKIN
Тосна
Tosna
Ижора
Izhora
ПАВЛОВСК
PAVLOVSK
ГАТЧИНА
GATCHINA
Форносово
Fornosovo